Margarete Kaiser · Doris A. Boeddecker

Konzepte Übergang Kindergarten – Schule

Margarete Kaiser · Doris A. Boeddecker

Konzepte Übergang Kindergarten – Schule

Praxisnahe Evaluation an Waldorfschulen und Waldorfkindergärten

Unter Mitarbeit von:
Dr. med. Michael Knoch, Dr. med. Claudia McKeen,
Martyn Rawson, Konrad Schmidt und Andreas Wilhelm

edition waldorf

Pädagogische Forschungsstelle beim Bund der Freien Waldorfschulen
Wagenburgstraße 6 · 70184 Stuttgart

Im Auftrag des Bundes der Freien Waldorfschulen e.V.
und der Vereinigung der Waldorfkindergärten e.V.

Sie finden uns im Internet unter
www.waldorfbuch.de

ISBN 978-3-940606-35-8

Bildquellen: Charlotte Fischer
Umschlaggestaltung: Jennifer Schwarz, TEBITRON GmbH
Lektorat: Gottfried Lesch
Satz und Gestaltung: Jennifer Schwarz, TEBITRON GmbH
Druck und Bindung: Druck- und Medienzentrum Gerlingen GmbH

Bibliografische Information der Deutschen Nationalbibliothek:
Die Deutsche Nationalbibliothek verzeichnet diese Publikation
in der Deutschen Nationalbibliografie; detaillierte bibliografische Daten
sind im Internet über http://dnb.d-nb.de abrufbar.

Inhalt

Dank

Vorab möchten wir ganz besonders allen Eltern und Pädagoginnen, regionalen Verantwortungsträgern, Vorständen und Geschäftsführern danken, die diese Evaluation aktiv unterstützt haben, indem sie Beobachtungen systematisch durchführten, seitenlange Fragebögen ausfüllten, an Interviews teilnahmen sowie Hospitationen und Nachbesprechungen in den Kindergruppen und Klassen ermöglichten.

Auch die intensive Konzeptentwicklungsarbeit, die in den einzelnen Einrichtungen und im „Arbeitskreis angemessenes Einschulungsalter" geleistet wurde, soll hiermit gewürdigt werden. Diese gesamte Arbeit wurde von den Beteiligten zusätzlich zu ihren beruflichen Belastungen erbracht.

Alle verbanden mit ihrer Teilnahme die Hoffnung, unter den veränderten schulrechtlichen Vorgaben möglichst gute Entwicklungsbedingungen für die Kinder auf Grundlage der Waldorfpädagogik zu erreichen.

Dieser Wunsch leitete und motivierte auch das Evaluations- und Auswertungsteam bei der Aufarbeitung und Auswertung der Untersuchung. In diesem Sinne möchten wir die vorliegenden Ergebnisse zur konstruktiven Weiterentwicklung der Konzepte zur Verfügung stellen.

Margarete Kaiser und Doris A. Boeddecker

Vorbemerkung:
Da im Kindergarten und in der Unterstufe der Schule die pädagogische Arbeit überwiegend von Frauen geleistet wird, erschien es den Autorinnen berechtigt, vorwiegend die weibliche Berufsbezeichnung zu verwenden: Erzieherin, Lehrerin, Pädagogin. Die männlichen Kollegen sind jeweils mit bedacht. Je nach Sinn und Zusammenhang tauchen aber auch andere Formen auf. Es ging nur darum, umständliche oder künstliche Doppelausdrücke zu vermeiden.

1 Zusammenfassung

Vor einer großen Herausforderung standen die Waldorfschulen in Berlin, als der Gesetzgeber das Einschulungsalter vorverlegte und Rückstellungen nicht schulreifer Kinder abschaffte. Die Verantwortlichen für Waldorfpädagogik in Berlin setzten sich engagiert dafür ein, den Prinzipien der Waldorfpädagogik entsprechende Konzepte zu entwickeln. Diese sollten der veränderten Situation für den Übertritt der Kinder vom Kindergarten in die Schule gerecht werden.

1.1 Zwei Konzepte

Zwei unterschiedliche Konzepte wurden zum Schuljahresbeginn 2005/2006 erstmals umgesetzt.

Schulaußenstelle am Waldorfkindergarten

Waldorfschulen richteten in Waldorfkindergärten Schulaußenstellen ein. Die schulpflichtigen noch nicht erstklassreifen Kinder verbleiben bis zur Erstklassreife als Schulkinder und Älteste der Gruppe in ihren vertrauten Kindergartengruppen und behalten ihre Erzieherinnen als Bezugsperson. Das binnendifferenzierte Bildungsangebot des Waldorfkindergartens entspricht einem entwicklungsgerechten Unterricht für diese Lebenszeit der Kinder. Sie haben viel Zeit für freies Tun und Schaffen. Die Atmosphäre ist geprägt vom Erleben und Erfahren sinnvoller Arbeits- und Lebensprozesse. Darüber hinaus erhalten die eingeschulten Kinder gesondert stundenweise Unterricht von einer sogenannten Wanderlehrerin der jeweiligen Partnerschule. Bei dieser individuellen entwicklungsgerechten Förderung werden über den Kindergartenalltag hinausgehende Arbeits- und Lebensprozesse gemeinsam erlebt, z. B. bei handwerklichen Arbeiten oder Gängen in die Natur. Der Eurythmieunterricht, den Waldorfkindergärten in der Regel für alle Kinder anbieten, wird fortgeführt. Mancherorts werden die künstlerischen Angebote erweitert.

Eingangsstufenklasse an der Waldorfschule

Die schulpflichtigen, noch nicht erstklassreifen Kinder werden in eine altershomogene Eingangsstufenklasse an der Waldorfschule aufgenommen. Die Eingangsstufenlehrerin lässt den Schülern – angelehnt an das Konzept des Waldorfkindergartens – viel Zeit für freies Tun und Schaffen. Die Atmosphäre ist geprägt vom Erleben und Erfahren sinnvoller Arbeits- und Lebensprozesse. Die individuelle entwicklungsgerechte Förderung wird durch verschiedene künstlerische Angebote wie rhythmische Spiele und musikalische Aktivitäten unterstützt. Alle Schüler nehmen am Eurythmieunterricht teil. Nach einem Jahr kommen die Kinder gemeinsam mit weiteren, neu aufgenommenen Erstklässlern in die 1. Klasse. Hier werden sie von einer neuen Klassenlehrerin und Fachlehrerinnen unterrichtet.

Die praxisnahe Evaluation hatte zum Ziel, die beiden neuen Eingangsstufenkonzepte im Übergang vom Kindergarten in die Schule zu bewerten. Damit sollten den Waldorfeinrichtungen Empfehlungen für die zukünftige Gestaltung des Übergangs vom Kindergarten in die Schule gegeben werden.

1.2 Zielsetzungen der Konzepte

Übereinstimmung zeigte die Analyse der Zielsetzungen in Eingangsstufenklasse und Schulaußenstelle. In beiden wurde nach den Prinzipien der Waldorfpädagogik für das erste Jahrsiebt gearbeitet, die Elemente des Unterstufenunterrichts der Waldorfschule für das zweite Jahrsiebt wurden noch nicht eingeführt.

Die Schulaußenstellen-Konzepte betonten das Ziel, günstige Bedingungen für die sich vollziehenden Reifeprozesse zu bieten, die durch Kontinuität in Beziehungen und Bindungen unterstützt werden. Spezielle Förderangebote für die Altersgruppe der eingeschulten Kinder wurden integriert.

Die Eingangsstufenklassen hoben die speziellen Förderangebote für diese Altersgruppe hervor.

Den Begriff der Salutogenese prägte Aaron Antonovsky (1997). Im Gegensatz zu der Fragestellung, was den Menschen krank mache, ging er der Frage nach, was den Menschen gesund erhalte.

Die Entstehung von Gesundheit sieht er im Zusammenhang mit der Entwicklung des „Kohärenzgefühls" (›sense of coherence‹). Dies ist eine globale Orientierung, die ausdrückt, in welchem Ausmaß man ein durchdringendes, andauerndes und dennoch dynamisches Gefühl des Vertrauens hat, dass

1. die Stimuli, die sich im Verlauf des Lebens aus der inneren und äußeren Umgebung ergeben, strukturiert, vorhersehbar und erklärbar sind;
2. einem die Ressourcen zur Verfügung stehen, um den Anforderungen, die diese Stimuli stellen, zu begegnen;
3. diese Anforderungen Herausforderungen sind, die Anstrengung und Engagement lohnen (Antonovsky 1997: 36).

1.3 Wie ging es den Kindern in den unterschiedlichen Eingangsstufen?

Aus Elternsicht ging es den schulpflichtigen Kindern sowohl in der Schulaußenstelle als auch in der Eingangsstufenklasse gut.

Verglichen mit aktuellen statistischen Angaben zum Gesundheitszustand der Kinder in diesem Alter gab es keinen signifikanten Unterschied.

Rund ein Drittel der Kinder zeigte besondere physische oder psychische Belastungen. Dieses Ergebnis kann niemanden, insbesondere vor dem Hintergrund der salutogenetischen Ausrichtung der Waldorfpädagogik zufriedenstellen.

Daher sollten sowohl bestehende als auch neue Konzepte im Hinblick auf die gesundheitlichen Auswirkungen überprüft werden.

Die Kinder der Eingangsstufenklassen erlangten die höchsten Bewertungen in den aufgeführten Entwicklungsbereichen erst zum zweiten Erhebungszeitpunkt, also ein halbes Jahr später als die Kinder an Schulaußenstellen.

Dies schien auf eine unterschiedliche Dynamik der Entwicklungsverläufe der Kinder in den verschiedenen Konzepten hinzuweisen. Diese Ergebnisse veranlassten uns, die Ursache dafür näher zu untersuchen. Da die Konzepte inhaltlich weitgehend übereinstimmten, sollten die unterschiedlichen Bedingungen wie die Übergänge genauer betrachtet werden. Mit dieser neuen Fragestellung wurde der theoretische Hintergrund entsprechend erweitert und es wurden qualitative Einzelfallanalysen zu dieser Fragestellung durchgeführt.

1.4 Auswirkungen auf die Qualität der pädagogischen Arbeit im Waldorfkindergarten

Aus den Interviews mit den Erzieherinnen wurde deutlich, dass das Fehlen der ältesten Kinder – wenn diese in die Eingangsklassen übergewechselt waren – das soziale Gefüge im Kindergarten stark veränderte. Die Quote der Kinder in der Gruppe, die von den Erzieherinnen wesentlich mehr Schutz und Hilfe im Alltag benötigten, stieg an. Wurden dazu noch unter Dreijährige aufgenommen, orientierten sich die Angebote vornehmlich an den jüngeren Kindern und ihren Bedürfnissen.

In der neuen Gruppenkonstellation zeigte sich dadurch ein deutlicher Qualitätsverlust für die Älteren (kürzere Geschichten, Reigen verkürzt, alle Abläufe verlangsamt, Handwerksarbeiten der Erzieherinnen nicht mehr durchführbar u. a.).

Eine erste Maßnahme sollte die Einrichtung von Betreuungsangeboten für unter Dreijährige sein, die nach waldorfpädagogischen Gesichtspunkten konzipiert sind.

1.5 Einzelfallanalysen

Die Einzelfallanalysen verdeutlichten die Problematik des Übergangs für die Kinder. Etwa gleich viele Kinder aus beiden Konzepten benötigten Unterstützung bei der Bewältigung des Übergangs. Eine systematische Zusammenarbeit von Eltern, Kindergarten und Schule ist daher dringend erforderlich und damit einhergehend ein Zusammenwachsen von Kindergarten und Schule. Erst damit kann die Waldorfpädagogik ihren Anspruch auf einen Gesamtbildungsgang einlösen.

1.6 Dokumentenanalyse

Der nachträglich betrachtete Konzeptentwicklungsprozess zeigte, dass die Teilnahme der Berliner Waldorfeinrichtungen am „Arbeitskreis angemessenes Einschulungsalter" sehr unterschiedlich war.

Bedingt durch die frühere Einschulung müssen Kollegien der Waldorfschulen sich vertraut machen mit einem jüngeren Lebensalter, einer anderen Entwicklungssituation und den entsprechenden waldorfpädagogischen Prinzipien für Bildung und Erziehung der Kinder in diesem Alter.

Erzieherinnen beteiligten sich an der Arbeit kontinuierlich. Bildung und Unterstützung der individuellen Reifeprozesse der Kinder vor Eintritt in die Schule zählten zu ihrem pädagogischen Arbeitsgebiet, das ihnen, da nur ein Teil der Kinder früher eingeschult wird, erhalten bleiben wird.

Lehrerinnen und Mitglieder von Schulaufnahmegremien waren im Verhältnis unterrepräsentiert.

Dies wirft Fragen auf zum Stellenwert dieser Thematik in den Schulen, der Setzung von Prioritäten sowie der diesbezüglichen Kommunikation.

2 Hintergrund der Evaluation

Die Ergebnisse der PISA-Studien haben dazu geführt, das deutsche Bildungswesen im Hinblick auf seine Leistungsfähigkeit auf den Prüfstand zu stellen. Auch die wirtschaftspolitisch diskutierte demografische Entwicklung und die langen Ausbildungszeiten in Deutschland werden als Argumente für eine Neukonzeption der Vorschul- und Schulzeit angeführt. Dabei gerieten u.a. die vorschulische Betreuung und das im Vergleich zu anderen Ländern relativ hohe Einschulungsalter in das Blickfeld. Als Resultat gibt es – von Bundesland zu Bundesland in unterschiedlicher Ausprägung – einige Neuerungen.

Die Kultus- und Jugendministerkonferenz vom Juni 2004 formulierte folgende Ziele für die frühkindliche Bildung und Betreuung bis zum Übergang in die Grundschule:

- Ausbau der Krippenplätze für unter dreijährige Kinder
- Sprachförderangebote insbesondere für Kinder mit Migrationshintergrund
- Frühere Einschulung (im Durchschnitt um ein halbes Jahr)
- Vermeidung von Zurückstellungen vom Schulbesuch
- Verzahnung von Kindergarten und Grundschule (Hovestadt 2004)

2.1 Einschulungsregelungen in den Bundesländern

In allen Bundesländern wurde die Möglichkeit des früheren Schuleintritts erweitert, meist auf ein Jahr vor dem Schulpflichttermin. Ausschlaggebend für die frühe Aufnahme sind der Wunsch der Eltern und die Einwilligung des Schulleiters, der die physische, psychische und soziale Schulfähigkeit feststellt.

Vorverlegung des Stichtages, Rückstellungsmöglichkeit
Berlin*: um 6 Monate ab Schuljahr 2005/06
Bayern°: um 6 Monate, ab Schuljahr 2005/06 schrittweise 1 Monat früher bis 2010/11
Nordrhein-Westfalen: um 7 Monate, ab 2007/08 schrittweise 1 Monat früher bis 2014/15
Baden-Württemberg°: um 3 Monate schrittweise, erreicht mit dem Schuljahr 2007/08
Brandenburg: um 3 Monate ab Schuljahr 2005/06
Rheinland-Pfalz: um 2 Monate ab Schuljahr 2008/09
Thüringen°: um 1 Monat
Beibehaltung des bisherigen Einschulungsdatums in Bremen°, Hamburg°, Hessen°, Mecklenburg-Vorpommern°, Niedersachsen°, Saarland, Sachsen°, Sachsen-Anhalt und Schleswig-Holstein*
Rückstellungsmöglichkeit In den mit ° gekennzeichneten Ländern sind weiterhin Rückstellungen vom Schulbesuch möglich, bei den mit * gekennzeichneten Ländern werden sie ausgeschlossen, für die anderen Bundesländer liegen dazu keine Angaben vor. *Quelle: http://www.mobile-elternmagazin.de/schulstart/einschulung online 10.02.2008*

2.2 Situation in Berlin

Bisher wurde in Berlin – wie in vielen anderen Bundesländern auch – die Schulreife eines Kindes in einer Einschulungsuntersuchung vom Gesundheitsamt festgestellt. Ab dem Schuljahr 2005/2006 wird die Schulreife eines Kindes nicht mehr überprüft. Im neuen Schulgesetz heißt es in § 42 Abs. 1: „Mit Beginn eines Schuljahres (1. August) werden alle Kinder schulpflichtig, die das sechste Lebensjahr vollendet haben oder bis zum folgenden 31. Dezember vollenden werden." Ab 2005 wird damit die Schulpflicht losgelöst vom Entwicklungsstand des Kindes und im Schnitt um ein halbes Jahr vorgezogen. Gleichzeitig wird die Möglichkeit der Rückstellung wegen fehlender Schulreife abgeschafft. Kinder, die spät im Jahr geboren sind, werden mit kaum mehr als fünfeinhalb Jahren schulpflichtig. Das gilt für alle Kinder mit Wohnsitz in Berlin.

Die Antwort der staatlichen Schulen auf diese Regelung ist die Einrichtung einer „Schulanfangsphase", welche die ersten beiden Jahrgangsstufen umfasst (siehe hierzu ausführlich 3.3.2).

2.3 Problemstellung für die Berliner Waldorfkindergärten und Waldorfschulen

In der Waldorfpädagogik spielt der Begriff der „Reife" nach wie vor eine Rolle. Bestimmte Entwicklungsstufen sollen erreicht sein, bevor auf dieser Grundlage weitere Schritte erfolgen können. Hierbei sind nicht allein abrufbare Fähigkeiten gemeint, sondern das Durch-und-durch-gesättigt-Sein mit dem bisher Gewonnenen (Smit 1990: 18). Erst wenn eine deutliche körperliche, seelische und geistige Reife erlangt worden ist, steht der Übergang von einer qualitativen Stufe der Entwicklung (der Kindergartenzeit) zur nächsten (1. Klasse) an.

Dementsprechend gelten in der Waldorfpädagogik klar zu unterscheidende Bildungsprinzipien für die erste Lebenszeit vor Eintritt in die 1. Klasse und für die sich anschließende Kindheits- und Jugendzeit (siehe 3.1.3).

Wegen dieses spezifischen Reifebegriffs in der Waldorfpädagogik (3.1.4) ergibt sich für das Konzept des Gesamtbildungsgangs ein Problem, wenn der Einschulungszeitpunkt per Gesetz vorverlegt wird. Denn einerseits muss Schule jetzt dem jüngeren Entwicklungsstand der einzuschulenden Kinder gerecht werden, andererseits muss auch das Konzept des Waldorfkindergartens überdacht werden, wenn die bislang ältesten Kinder die Kindergartengruppen nun früher verlassen als bisher. Daher wird eine Anpassung der Konzepte im gesamten Bildungsgang erforderlich. Außerdem geben die veränderten Lebensbedingungen, in denen Kinder heute aufwachsen, Anlass, den bestehenden Rahmen für Bildung, Erziehung und Betreuung insgesamt neu zu überdenken.

2.4 Zielsetzung der Evaluation

Ab dem Schuljahr 2005/2006 wurden in Berlin für den Übergang vom Kindergarten in die Waldorfschule neue Konzepte eingeführt: Eingangsstufenklassen in den Schulen und Schulaußenstellen an den Waldorfkindergärten. Es bestand bei Waldorfeinrichtungen im gesamten Bundesgebiet ein allgemeines Interesse, die Entwicklung dieser Konzepte und deren Umsetzung mittels Dokumentation und Evaluation aufmerksam zu begleiten.

Ziel der Evaluation war es, die verschiedenen Schuleingangskonzepte im Hinblick auf die waldorfpädagogischen Prinzipien der Erziehung im ersten Jahrsiebt zu überprüfen. Aus den Ergebnissen sollten Rückschlüsse bzw. Empfehlungen für die zukünftige Gestaltung des Übergangs vom Kindergarten in die Schule abgeleitet werden.

2.5 Pädagogische Grundlagen

Formuliert finden sich diese Erziehungsanforderungen in den Konzepten der verschiedenen Berliner und Brandenburger Eingangsstufen. Sie stützen sich auf die grundlegenden pädagogischen Schriften bzw. Vortragswerke Rudolf Steiners, von denen hier zwei als Beispiele genannt werden sollen: „Die Erziehung des Kindes vom Gesichtspunkte der Geisteswissenschaft" (1984, Erstausgabe 1907) und „Allgemeine Menschenkunde als Grundlage der Pädagogik" (1986, Erstausgabe 1932).

Es sei auch auf zwei Schriften verwiesen, die speziell im Hinblick auf den Übergang vom Kindergarten in die Schule erarbeitet wurden, jedoch erst nach Einführung der Berliner Konzepte zur Verfügung standen: Patzlaff und Saßmannshausen (2007): Kindheit – Bildung – Gesundheit I „Leitlinien der Waldorfpädagogik für die Altersstufe von 3 bis 9 Jahren" und die Folgeschrift: Kardel, McKeen, Patzlaff und Saßmannshausen (2007): Kindheit – Bildung – Gesundheit II „Bildungsziele – Bildungsbereiche – Bildungsbedingungen".

2.6 Evaluationsfragen

Die Evaluationsfragen lauteten:

- Wie werden die Konzepte ausgestaltet?
- Gibt es unterschiedliche Zielsetzungen und wie geschieht die praktische Umsetzung?
- Gibt es Unterschiede im Hinblick auf konzeptspezifische Einstellungen und Erfahrungen unter den befragten Pädagoginnen?

- Wie geht es den Kindern aus Sicht der Pädagoginnen?
- Wie entwickeln sich die Kinder aus Sicht der Pädagoginnen hinsichtlich Nachahmung, Spielverhalten, Motorik, Sprachverhalten und Aufmerksamkeit? Zeigen sich Unterschiede in den verschiedenen Konzepten?
- Wie verändern sich die Sozialstruktur und die pädagogische Qualität einer Kindergartengruppe dadurch, dass die ältesten Kinder fehlen?
- Wie geht es den Kindern aus Sicht der Eltern?
- Sind Eltern und Pädagoginnen mit der Kommunikation hinsichtlich der neuen Situation zufrieden?
- Welche neuen Fragestellungen ergeben sich aus der Untersuchung
  - bezüglich der Kinder?
  - im Hinblick auf die Pädagoginnen und die Anforderungen in der Praxis?

Die wissenschaftliche Begleitung umfasste die Dokumentation, die Evaluation und die Veröffentlichung der Ergebnisse zu den neuen Eingangsstufenkonzepten.

2.7 Durchführung

Da die Problematik der Früheinschulung die Waldorfpädagogik grundsätzlich betrifft, übernahm der überregionale „Arbeitskreis Übergang Kindergarten – Schule" (AKÜKS) diese Aufgabe. Organisatorisch war dieser interdisziplinär besetzte Arbeitskreis der Internationalen Vereinigung der Waldorfkindergärten, dem Bund der Freien Waldorfschulen sowie dessen Pädagogischer Forschungsstelle angegliedert.

Erstmals fand mit diesem Vorhaben in der Waldorf-Kindergarten- und Schulbewegung in Deutschland eine praxisnahe systematische Evaluation statt, die im Hinblick auf die Zukunftsgestaltung beim Übergang vom Kindergarten in die Schule die besonderen Anliegen der Waldorfpädagogik zu diesem Thema untersuchte und dokumentierte.

Die externe Arbeitsgruppe AKÜKS arbeitete zusammen mit der regionalen Arbeitsgruppe AKÜKS-BB (Berlin und Brandenburg) im Sinne einer prozessorientierten (formativen) Evaluation der Schuleingangsstufen an Waldorfschulen. Angelehnt an die Praxisforschung zu Schulentwicklungsfragen (Altrichter und Posch 1998: 284 ff.) kamen für die Untersuchung quantitative und qualitative Methoden der Erziehungs- und Sozialwissenschaften und verwandter Wissenschaftsbereiche zur Anwendung (siehe 4.2).

Das Evaluationsteam setzte sich aus Pädagoginnen des Elementar- und Primarbereichs von Waldorfeinrichtungen sowie einer Schulärztin zusammen. Mitglieder des AKÜKS waren: Margarete Kaiser, Waldorferzieherin, Pädagogin (post graduate Diploma); Dr. med. Claudia McKeen, Schulärztin, Dozentin am Kindergartenseminar Stuttgart; Martyn Rawson, Waldorflehrer, Pädagoge M.A.; Konrad Schmidt, Waldorflehrer, Klassenlehrer. Die Leitung des Evaluationsprojektes übergab der Kreis nach der gemeinsamen Startphase an Margarete Kaiser.

Als Projektbegleiter waren beteiligt: Doris Boeddecker MPH, Sport- und Gesundheitswissenschaftlerin, für die statistische Auswertung, Interpretation und Evaluationsbegleitung (seit März 2006); Andreas Wilhelm, Dipl. Ing. Informatik für die Dateneingabe, -aufbereitung und -auswertung (seit November 2005).

In der regionalen Arbeitsgruppe AKÜKS-BB arbeiteten mit: Dr. med. Michael Knoch, Schularzt (Leitung und Koordination für AKÜKS in Berlin und Brandenburg); Frauke Baader, Erzieherin; Dörthe Baganz, Lehrerin; Karsten Bauer, Wanderlehrer; Gabriele Carlhoff, Lehrerin; Marita Ernst-Bonnesoeur, Wanderlehrerin; Jens Wilkening, Eingangsstufenklassenlehrer.
In Zusammenarbeit mit AKÜKS-BB wurden die Evaluationsinstrumente und Vorgehensweisen vor Ort beraten.

3 Theoretischer Rahmen und Forschungsstand

Seit Einführung der Schulpflicht wurden im Rahmen verschiedener Wissenschaftsdisziplinen (Erziehungswissenschaft, Soziologie, Psychologie, Medizin, sowie neuerdings auch Neurobiologie) unterschiedliche und einander ergänzende Konzepte von Schulreife, Schulfähigkeit, Schuleignung und Schulbereitschaft entwickelt.

Nachfolgende Ausführungen stellen die für die Grundschulpädagogik diskutierten Konzepte zum Einschulungszeitpunkt sowie zum Übergangsprozess Kindergarten – Schule dar. Eine Erörterung des Bildungsbegriffs, der mit dieser Thematik verknüpft ist, kann in diesem Rahmen allerdings nicht geleistet werden.

3.1 Ist das Kind reif für die Schule?

Aufgrund der Schulpflicht werden alle Kinder zu einem bestimmten Zeitpunkt institutioneller Erziehung ausgesetzt und damit vor neue Anforderungen gestellt. Der Zeitpunkt war und ist Anlass für Diskussionen und Austausch unterschiedlicher Standpunkte und Konzepte in der Erziehungswissenschaft.

3.1.1 Schulreife

Der Begriff der Schulreife tritt nach Rheinländer (in Herff 1967: 18) erstmals 1915 auf: „Voraussetzung für den Schuleintritt ist die Schulreife: das schulpflichtige Kind muss auch schulfähig, d. h. körperlich und geistig hinreichend entwickelt sein, wenn es den Anforderungen und Gefahren des Schullebens gewachsen sein soll." Die Begriffe der Entwicklung, der Reife bzw. des Heranreifens stehen hierbei im Vordergrund; das Kind wird als zukünftiger Erwachsener verstanden. Die Zeit vor Eintritt in die Schule wird als Schonraum gesehen, in dem bedeutende, zunächst abzuschließende leiblich-seelische Prozesse stattfinden.

Auf der Grundlage der Reifungstheorie erörterte Kern (1951, in Faust-Siehl und Speck-Hamdan 2001: 96) den Begriff Schulreife: „Schulreife ist als Relationsbegriff verstanden, als reif sein, bereit sein, fähig sein für die Forderungen der [...] vorhandenen Grundschule."

Gemäß der damaligen entwicklungspsychologischen Theorie wurde die Schulreife eines Kindes als Ergebnis eines endogen gesteuerten Reifungsprozesses verstanden. Dem lag die Annahme zugrunde, dass sich Schulreife-Fähigkeiten im Laufe der Zeit ohne besondere Förderung von selbst entwickeln, sozusagen von innen heraus.

In einem von Kern entwickelten Test erfolgte die Überprüfung der Schulfähigkeit durch das Merkmal „Gliederungsfähigkeit". Er war aufgrund der Reifungstheorie der Ansicht, dass sich alle Bereiche gleichmäßig entwickeln und dass es ausreicht, das Merkmal „Gliederungsfähigkeit" zu prüfen, um zu entscheiden, ob ein Kind schulreif ist oder nicht.

Wird ein nicht schulreifes Kind eingeschult, ist Schulversagen die Folge. Entsprechend ist es zurückzustellen und muss entweder im Kindergarten oder in der Familie – ohne spezielle Förderung – nachreifen (Kern 1951, in Faust-Siehl und Speck-Hamdan 2001: 97).

3.1.2 Schulfähigkeit und Schulbereitschaft

Die psychische Entwicklung des Kindes versteht Bloom (1964) als das Ergebnis vorangegangener Lernprozesse. Auf dieser Grundlage modifiziert und erweitert Schenk-Danzinger (1969) das Konzept der Schulreife. In die natürlichen Reifevorgänge der menschlichen Entwicklung fließen von der Umwelt determinierte Lernprozesse mit ein, die als ein „Prozess von Wechselwirkungen zwischen der strukturellen Reifung, den individuellen genetischen Anlagen, den Lernangeboten der Umwelt und der Art und Intensität der individuellen Selbststeuerung" aufgefasst werden können. Schenk-Danzinger (1969) spricht neben der physiologischen Reife und den messbaren Fähigkeiten des Kindes auch eine subjektive Motivation in Bezug auf die Leistungsanforderungen an, die für eine erfolgreiche Einschulung gegeben sein sollten. Die Vorstellung einer Eingangsnorm besteht weiter.

Seit Beginn der 1980er Jahre betrachtet die Kindheitsforschung Kinder als „aktive Subjekte ihrer Realitätsverarbeitung und Lerntätigkeit" (Grunert 2006: 17). Sie werden als gegenwärtige Mitglieder der Gesellschaft und nicht als zukünftige Erwachsene betrachtet. Damit einher geht ein Perspektivenwechsel hin zur Fokussierung auf das Kind und seine Umwelt.

Anknüpfend an die Systematik von Bronfenbrenner (1981) (siehe hierzu 3.2.2) entwickelte Nickel (1990) ein „ökologisch-systemisches" Schulfähigkeitsmodell: Die Einschulung versteht er als ein Problem des Übergangs und betrachtet es aus der Perspektive des Schulanfängers, der Schule und der gesamten Umwelt des Kindes in einem interaktionistischen Konstrukt. Dabei geht er von sich gegenseitig beeinflussenden Teilkomponenten aus, die nicht direkt beobachtbar sind, sondern einzeln erschlossen werden müssen.

Die neueren Sichtweisen zusammenfassend spricht Böhm (2000: 483) von einem Schulreifebegriff, der reifungstheoretische, fähigkeitstheoretische und ökologisch-psychologische Aspekte umfasst:

> „[...] Schulreife ist ein von einer bestimmten Auffassung über kindliche Entwicklung (als Reifungsvorgang in Analogie zu natürlichen Wachstumsprozessen) herstammender Begriff zur Bezeichnung und Messung der wahrscheinlichen Fähigkeit eines Kindes, den schulischen Bildungsgang erfolgreich zu beginnen. Heute sieht man Schulreife nicht nur abhängig von inneren biologischen Reifeprozessen, sondern maßgeblich auch von fördernden bzw. hemmenden Umwelteinflüssen (Elternhaus, Vorschulerziehung, etc.) und insgesamt als Ergebnis der erfahrungs- und lernabhängigen Auseinandersetzung des schulpflichtig gewordenen Kindes mit eben dieser Umwelt. Deshalb wurde der Begriff der Schulreife durch den der **Schulfähigkeit** (individuelle Lernvoraussetzungen im Hinblick auf schulische Lernangebote und -forderungen) ersetzt."

Nach Kammermeyer (in Faust-Siehl und Speck-Hamdan 2001: 120) ist die Reifungstheorie „klar widerlegt". Sie plädiert dafür, Schulfähigkeit als Entwicklungsaufgabe zu verstehen. Die Schulpflicht erfordert die Erfüllung einer „soziokulturell verbindlichen Entwicklungsnorm" (a.a.O.: 102) und stellt damit eine zentrale Entwicklungsaufgabe dar, die als Schulfähigkeit bezeichnet werden kann und sich auf die Systeme Schule und vorschulische Einrichtung gleichermaßen bezieht. Damit geht ein verändertes Rollenverständnis einher, indem das Ziel Schulfähigkeit sowohl von den vorschulischen Einrichtungen als auch von der Schule erarbeitet wird.

Eine wichtige nicht-institutionelle Komponente des heute weitgehend anerkannten ökosystemischen Schulfähigkeitsmodells bleibt allerdings unberücksichtigt: Der Lernort Familie und das informelle Lernen der Vorschulkinder. Trotz „epochalem Trend zur Institutionalisierung von vorschulischer Kindheit" (Tietze 2004: 16) wachsen Kinder im Vorschulalter überwiegend in ihren Familien auf.

Waldorfpädagogik geht von einem erweiterten Verständnis von Reife aus. Sie beschränkt sich nicht auf die Berücksichtigung biologisch ablaufender Prozesse und der Umweltbedingungen. Im Folgenden soll versucht werden den Begriff der Reife, den Zusammenhang der Entwicklungsphasen mit den Prinzipien, die daraus für Unterricht, Bildung und Erziehung folgen, von der frühen Kindheit bis in die Jugend zu beleuchten, soweit dies in diesem eng gesteckten Rahmen geleistet werden kann.

3.1.3 Entwicklungsphasen des Kindes und Jugendlichen

Der Gesamtbildungsgang der Waldorfpädagogik leitet sich aus der Anthroposophie Rudolf Steiners ab. Sie sieht „in jedem Kind eine unantastbare Individualität, die schon vor der Konzeption und Geburt existiert hat und aus ihrer Vergangenheit ein ganz persönliches Schicksal in das jetzige Erdenleben mitbringt, verbunden mit zunächst noch verborgenen Impulsen für die Zukunft, die nach und nach als ein leitendes Lebensmotiv oder Ideal hervortreten können [...]" (Patzlaff und Saßmannshausen 2007: 7).

Das Ich des Menschen, seine Individualität, hat also im Menschenbild der Waldorfpädagogik den bedeutendsten Anteil an der Entwicklung des Kindes und Jugendlichen. Daneben beeinflussen natürlich auch Erbanlagen und Umweltbedingungen den heranwachsenden Menschen.
Dem unvergänglichen Wesenskern, dem Ich des Menschen, dienen als Instrumente:

- seine leiblich-körperliche Organisation (oder physischer Leib),
- seine die Vitalprozesse versorgende Organisation (oder ätherischer Leib),
- und seine seelische Organisation (oder astralischer Leib).

Steiner (1984: 10) bezeichnet diese unterschiedlichen Organisationen als „Wesensglieder". Das menschliche Ich wirkt wesentlich mit bei der Entfaltung des Menschen in seinen unterschiedlichen Organisationen.

Im Ganzen ergeben sich drei Entwicklungsphasen, die – mit naturgemäßen individuellen Abweichungen – jeweils ungefähr sieben Jahre dauern und unten eingehender beschrieben werden:

- In der ersten Lebensepoche bis zum 6./7. Lebensjahr wird im Wesentlichen die leiblich-körperliche Organisation aufgebaut.
- In der darauf folgenden Lebensepoche bewirkt das Ich die Prägung der individuellen Vitalorganisation; diese Phase dauert etwa bis zur Geschlechtsreife.
- In der dritten Lebensepoche wird die individuelle seelische Organisation ausgestaltet. Das Ergebnis ist die Mündigkeit des jungen Erwachsenen.

Selbstverständlich existieren die drei Organisationen das ganze Leben hindurch und sind in stets lebendiger Verwandlung und zusammenwirkend tätig. Ziel der Waldorfpädagogik ist es, den Heranwachsenden für die Gestaltungsarbeit des Ich günstige Bedingungen zu bieten.

Der Gesamtbildungsgang bis zur Mündigkeit gliedert sich – wie dargestellt – in drei Entwicklungsepochen (Jahrsiebte), mit jeweils unterschiedlichen Erziehungs- und Bildungsformen, die sich an der anthroposophischen Menschenkunde orientieren. Die Waldorfpädagogik berücksichtigt die in diesen Epochen jeweils unterschiedliche Hinwendung des Kindes bzw. Jugendlichen zur Welt und die ebenfalls unterschiedliche Art des Lernens des Kindergartenkindes, des Schulkindes und des Jugendlichen (Steiner 1984).

Das 1. Jahrsiebt

des Kindes ist geprägt vom Aufbau und der Strukturierung seiner leiblichen Organisation, der Schulung aller Sinne und der Heranreifung der meisten Organe zu ihrer vollen Funktionstüchtigkeit. Dies umfasst u. a. die Ausbildung der grob- und feinmotorischen Fähigkeiten, das Üben der Koordination, das Sich-Beheimaten in der Sprache sowie die emotionale und kognitive Teilnahme an den Geschehnissen des jeweiligen Lebensumfeldes (Patzlaff und Saßmannshausen 2007: 17–25).

Das Kind im 1. Jahrsiebt lebt mit allen Sinnen in seiner Umgebung. Das Lernen geschieht durch Nachahmung, also durch das aktive Nachvollziehen erlebter Tätigkeiten, und aus individuellen Impulsen des Kindes heraus, die sich u. a. in freien Spielgestaltungen äußern. Dies alles stellt ein hoch komplexes Erlebnis-, Verarbeitungs-, Bildungs- und Sozialisationsgeschehen dar.

Ein Kind in dieser Altersphase reflektiert sich dabei nicht selbst. Gleichwohl gibt es seinen Erfahrungen und Handlungen, z. B. in Spielabläufen, Sinn und Bedeutung, was vornehmlich an den begleitenden sprachlichen und gestischen Äußerungen wahrgenommen werden kann.

Die Waldorfkindergartenpädagogik bietet in den Jahren bis zum Schuleintritt vielfältige Handlungs- und Erfahrungsmöglichkeiten und verzichtet zunächst bewusst auf das Einüben von Gedächtnisleistungen. Dies bleibt der Schulzeit vorbehalten. Zwar könnten Gedächtnisleistungen durchaus früher angeregt und gezielt abverlangt werden – diese Forcierung würde sich aber auf die gesundheitliche Entwicklung ungünstig auswirken (Steiner 1984: 27; Steiner 1921, in Jaffke 2004: 21–31). Denn es handelt sich bei Gedächtnisleistungen um Bewusstseinskräfte. Diese wirken vitalitätsmindernd, da Bewusstsein auf Kosten von Vitalität entsteht – ein Phänomen, das z. B. in der allabendlichen Ermüdung jedem geläufig ist.

Während der Kindergartenzeit benötigt das Kind seine Vitalitätskräfte aber noch vorrangig für die Entwicklung und Ausreifung seiner physischen Leiblichkeit. Werden diese Kräfte vorzeitig für Bewusstseinsaufgaben „abgezogen", ist mit gesundheitlichen Beeinträchtigungen in den Folgejahren zu rechnen. Kinder sollten deshalb in ihrer Kindergartenzeit entsprechende Rahmenbedingungen mit entwicklungsgerechten Anregungen und vor allem genügend Zeit erhalten.

Eine Pädagogik, die sinnvolle Handlungen und Arbeitsprozesse, rhythmische Lebensgestaltung, Freude und Wärme in der Umgebung sowie ein Einleben in die soziale Gemeinschaft und deren Kultur ermöglicht, wird diesen Bedürfnissen gerecht. Dem Kind ist dabei nicht bewusst, dass es dauernd lernt. Wir sprechen hier von impliziertem Lernen (Marti 2006: 295).

Für diese erste Lebenszeit bis zur Schulreife bietet das Zusammenleben in einer altersheterogenen Kindergruppe mit Familienstruktur eine geeignete Umgebung.

Das 2. Jahrsiebt

ist die Zeit, in der das explizite Lernen dominiert: Die Kinder schließen sich dem durch den Lehrer für sie vorbereiteten und dargebotenen Unterricht auf. Der Lehrerpersönlichkeit (Klassenlehrer/-in), an der sich die Kinder orientieren möchten, misst die Waldorfpädagogik für diese Altersphase eine hohe Bedeutung bei.

Ab der 1. Klasse werden altershomogene – natürlich mit einer gewissen Streuung – Klassengemeinschaften gebildet, die auf Kontinuität angelegt sind (kein Sitzenbleiben). Von zentraler Bedeutung sind in der Waldorfpädagogik die altersspezifischen Themen, die in den einzelnen Schuljahren gemäß dem Lehrplan behandelt werden. Lerntempo und Stoffumfang werden den Fähigkeiten und Bedürfnissen der jeweiligen Klasse an-

gepasst. Starken Leistungsunterschieden innerhalb der Klasse versucht der Lehrer durch individuelles Eingehen auf einzelne Schüler (Binnendifferenzierung) gerecht zu werden. Das verlangt eine sorgfältige Vor- und Aufbereitung des Unterrichts. Auch dem gemeinsamen Lernen der Schülerinnen und Schüler mit- und aneinander kommt eine große Bedeutung zu.

Große Klassen und ein ständig sich weitendes Spektrum individueller Entwicklungen bei Kindern lassen auch in Waldorfschulen Grenzen des Systems erkennen. Dennoch zeigen sich bisher erst wenige Alternativen.

Das 3. Jahrsiebt

ist durch den Übergang von der Kindheit ins Jugendalter gekennzeichnet und vom Grundbedürfnis nach Verstehbarkeit der Welt geprägt. Die eigene Urteilsfähigkeit, das logische Denkvermögen, das kausale und intentionale Erklärenkönnen von Fragen bestärken den Menschen in seinem Grundvertrauen, dass die Welt von Gesetzmäßigkeiten durchzogen ist und dass deren Erkennen die Welt transparent, verstehbar und handhabbar werden lässt (Marti 2006: 301).

3.1.4 Kriterien der Waldorfpädagogik zur Reife

Die leibgestaltenden Kräfte schließen ihre Tätigkeit in der Regel im Laufe des 7. Lebensjahres ab, auch wenn sich natürlich das Wachstum fortsetzt.

Um den Entwicklungsstand eines Kindes zu beurteilen, kommen Schularzt, Eltern und Pädagogen zu einem Schulaufnahmegespräch zusammen. Anhand von körperlichen Merkmalen, wie etwa begonnenem Zahnwechsel und Gestaltwandel, und durch Beobachtung der Fähigkeiten im Wahrnehmen, Sprechen und Denken sowie im sensomotorischen und sozialen Bereich entsteht ein Gesamtbild des Entwicklungsstandes des Kindes.

Häufig kann bei Kindern beobachtet werden, dass körperliche Veränderungen und seelische Entwicklung in unterschiedlichen Tempi verlaufen. Umso wichtiger scheint es, den Entwicklungsstand genau zu betrachten und evtl. unterstützende Maßnahmen einzuleiten. Die Aufnahmelehrerinnen der Waldorfschulen arbeiten traditionell mit Therapeuten und Schulärzten eng zusammen.

Entscheidend für die Einschätzung der Reife ist der mit den körperlichen Veränderungen einhergehende seelische Wandel: Wenn sich z. B. ein Kind an Begebenheiten erinnern kann, ohne dass ein äußerer Gegenstand als Stütze dient, ist das ein Hinweis darauf, dass es jetzt über selbstständige seelische Kräfte verfügt, die es in seinem Inneren bewusst betätigt. Erst wenn solche Veränderungen wahrnehmbar werden, sollte das Lernen nach den Prinzipien des 2. Jahrsiebts beginnen.

Die Schulreife bzw. Erstklassreife bleibt als Kriterium für die Aufnahme der Kinder in die 1. Klasse einer Waldorfschule erhalten, weil den Kindern schulisches, explizites Lernen erst nach Erlangung dieser Entwicklungsstufe abverlangt werden sollte. Denn andernfalls wird eine Schwächung der

gesamten Konstitution des Kindes befürchtet mit ungünstigen Auswirkungen auf die körperliche und/oder seelische Gesundheit wie auch auf die zu entwickelnden Sozialfähigkeiten. Für schulpflichtige, noch nicht schulreife Kinder wird der Unterricht nach den Prinzipien der Waldorfpädagogik für das 1. Jahrsiebt erteilt.

3.2 Übergänge im Lebenslauf – Wissenschaftstheoretische Sichtweisen

Mit dem Begriff Transition werden Übergänge in der Entwicklung bezeichnet, die den gleichmäßigen Verlauf des Lebens verändern und zu Brüchen führen können, zu deren Bewältigung die betroffenen Menschen Sozialisationsprozesse durchlaufen: von der Partnerschaft zur Elternschaft, der Eintritt des Kindes in die Schule, der Eintritt ins Jugendalter, ins Erwerbsleben, ins Rentenleben u. a. (Griebel und Niesel 2004: 25).

Der Übergang vom Kindergarten in die Schule, der durch das Ereignis Schuleintritt gekennzeichnet ist, kann als kritisches Lebensereignis (Filipp 1995), als ökologischer Übergang (Bronfenbrenner 1981) oder als Transition (Griebel und Niesel 2000, 2004) beschrieben werden.

3.2.1 Kritisches Lebensereignis Schuleintritt

Die Definition eines kritischen Lebensereignisses ist schwierig. Aus Sicht der Stressforschung tritt die Belastung in den Vordergrund, aus Sicht der Entwicklungspsychologie die Herausforderung sich anzupassen. Kritische Lebensereignisse können Übergänge in der Biografie eines Menschen sein, die sowohl positive wie auch negative Erfahrungen mit sich bringen. In jedem Fall bedeutet ein solches Ereignis einen Einschnitt im Leben einer Person, der eine fortlaufende Anpassung an die sich wandelnde Situation erfordert.

Nach Filipp (1995) ist ein kritisches Lebensereignis ein Eingriff in die Person-Umwelt-Passung, welcher emotional verunsichernd ist und die Ausbildung einer neuen Homöostase (eines neuen Gleichgewichts) nötig macht.

Beim Schuleintritt verlässt das Kind seine bisherige Umwelt (meistens Kindergarten) und tritt in die neue Umwelt Grundschule ein, an die es sich anpassen muss. Auch verändert sich mit Schulbeginn die soziale Situation des Kindes (neue Institution, Gruppe, Klasse), sodass auch eine Anpassung auf der Verhaltensebene erforderlich wird, damit der Schuleintritt gelingt.

Auch Faust-Siehl (2001: 7) stellt fest: „Im Hinblick auf die Entwicklung des Kindes [...] ist die Einschulung ein kritisches Lebensereignis."

3.2.2 Der Übergang aus entwicklungsökologischer Perspektive

Nach Bronfenbrenner (1981: 43) „findet ein ökologischer Übergang statt, wenn eine Person ihre Position in der ökologisch verstandenen Umwelt durch einen Wechsel ihrer Rolle, ihres Lebensbereichs oder beider verändert."

Beim Schuleintritt wechselt das Kind vom Lebensbereich Kindergarten in den der Schule und es findet gleichsam eine Rollenveränderung vom Kindergartenkind zum Schulkind statt. Dieser Rollenwechsel ist mit neuen Anforderungen an das Kind verbunden, von dem nun erwartet wird beispielsweise stillzusitzen, zuzuhören u.a.

Auf den vorangehenden Ausführungen aufbauend wird ein theoretisches Konzept vorgestellt, das den Übergang vom Kindergarten in die Schule unter Berücksichtigung der Ergebnisse der Familienforschung beschreibt.

3.2.3 Das Transitionskonzept – Beschreibung von Übergängen

Nach Griebel und Niesel (2004) führten drei theoretische Entwicklungen zur Formulierung des Transitionskonzepts:

a) Gemäß den Systemebenen von Bronfenbrenner (1981) findet Entwicklung in der Auseinandersetzung mit der sozialen Umgebung statt.
b) Die Stressforschung (Lazarus 1995) liefert einen Rahmen für die Erklärung von Belastungsreaktionen.
c) Veränderungen im Lebensumfeld des Kindes lassen sich im Laufe der Biografie als kritische Lebensereignisse betrachten.

Das Konzept der kritischen Lebensereignisse integriert theoretische Ansätze und Forschungsrichtungen der Ökopsychologie von Bronfenbrenner (1981), der Stresstheorie von Lazarus (1995) und der Bewältigungsforschung. Filipp (1995) beschreibt besonders gravierende und belastende Veränderungen im Lebenslauf, die für ihre Bewältigung eine besondere Herausforderung darstellen.

Im Begriff der Krise stecken sowohl das Risiko als auch die Chance. Kritisch sind die Lebenssituationen, wenn sie die Bewältigungsressourcen der Person übersteigen und schädigende Wirkungen bedingen können, andererseits können sie Impulse für Entwicklung und Förderung von Kompetenzen darstellen (Filipp 1995).

Von entscheidender Bedeutung sind die Bewältigungsressourcen des Einzelnen, aber auch die Art der Auseinandersetzung mit den Anforderungen. Dabei spielen die Wahrnehmung und die Bewertung des Ereignisses seitens der Betroffenen eine Rolle (Beelmann 2006).

Das Transitionskonzept (Griebel und Niesel 2004: 76–80) bietet eine Struktur von Entwicklungsaufgaben, die in Übergangssituationen zu bewältigen sind und die auf drei Ebenen ablaufen:

- Auf der individuellen Ebene sind das die Veränderung der Identität, die Bewältigung starker Emotionen und der Kompetenzerwerb;
- auf der **interaktionalen Ebene** stehen die Aufnahme neuer Beziehungen, die Veränderung bzw. der Verlust bestehender Beziehungen sowie der Rollenzuwachs im Vordergrund;
- auf der **kontextuellen Ebene** bedeutet das die Integration mehrerer Lebensumwelten, ein verändertes Curriculum und eventuell weitere familiale Übergänge (z. B. Berufstätigkeit der Eltern erweitert sich zeitlich).

Der Eintritt des Kindes in das formale Schulsystem ist ein bedeutender Entwicklungsabschnitt und für das Kind in verschiedenen Bereichen möglicherweise stressbelastet. Ein besseres Verständnis von derartigen Übergängen kann die Kommunikation und Kooperation aller Beteiligten anregen, um diesen Prozess aktiv zu gestalten. Hierzu gehören die Eltern in ihrer Doppelfunktion als Unterstützer des werdenden Schulkindes sowie als Schulkind-Eltern mit den damit verbundenen Anforderungen auf individueller, interaktionaler und kontextueller Ebene.

Dazu gehört aber auch, dass das Kind Basiskompetenzen mitbringt wie kommunikative Fertigkeiten und schulnahe Vorläuferkompetenzen. Für einen erfolgreichen Übergang zum Schulkind werden diese Kompetenzen nicht nur im Elternhaus und Kindergarten entwickelt, vielmehr hat auch die Grundschule die Aufgabe, Kompetenzen der Kinder wahrzunehmen, weiterzuentwickeln und dafür zu sorgen, dass sie nicht verlernt oder gar entwertet werden (Griebel und Niesel 2004: 3).

Zur Gestaltung des Übergangs in die Schule zählen die wechselseitige Kooperation von Elternhaus, Kindergarten und Schule und nicht das Abfragen einer Liste von Schulreifekriterien. Die Grundlage für pädagogisch optimal gestaltete und abgestimmte Übergänge ist das Erarbeiten von individuellen Transitionsprogrammen für Kinder und Eltern. Dabei ist die Bereitschaft und Kompetenz der beteiligten Akteure aus Familie, Kindertagesstätte und Grundschule zu Kommunikation und Partizipation wesentlich.

Alle drei hier (siehe 3.2.1–3) skizzierten Konzepte betonen, dass es nicht nur um den „Übergänger" gehen kann, sondern dass ein Übergang immer auch ein sozialer Prozess mit wechselseitigen Einflüssen aller Beteiligten und ihrer Umgebung ist. Er beinhaltet sowohl Belastungsfaktoren als auch Chancen für neue Anpassungsprozesse zur Weiterentwicklung. Personen aus der Familie, dem Freundes- und Bekanntenkreis des Kindes sowie aus den beteiligten Institutionen können zum Gelingen des Übergangs aktiv beitragen.

3.2.4 Einschulungsalter

Die Ergebnisse der PISA-Studie haben zum Thema Schule und Bildung viele Fragen aufgeworfen. Als zentraler Begriff wird in den verschiedensten Zusammenhängen immer wieder der Begriff „Leistungsfähigkeit" genannt. Das Ziel diese zu optimieren spiegelt sich in zahlreichen Studien wider, von denen im Folgenden zwei exemplarisch betrachtet werden, die das Einschulungsalter in Bezug zur schulischen Leistung und damit zum Bildungserfolg setzen.

Penning (1926) ging als einer der Ersten wissenschaftlich der Frage nach, in welchem Alter ein Kind schulreif ist. Er zeigte bereits, dass eine eindeutige, für alle Kinder verbindliche zeitliche Festlegung nicht möglich ist, da die Kinder individuell verschieden sind und somit entwicklungsbedingte Schwankungen auftreten. Damit empfiehlt er als Entscheidungskriterium für die Schulreife das Entwicklungsalter des Kindes und nicht das Lebensalter. Unter Berücksichtigung von Lehrplänen und Schulorganisation hält er das 7. Entwicklungsjahr für den angemessenen Einschulungszeitraum (Penning 1926: 200).

3.2.4.1 Empirische Untersuchungen

Fertig und Kluve (2005) untersuchten vor dem Hintergrund ihrer Annahme, dass Humankapital [Begriffswahl: Fertig und Kluve] der wichtigste Wachstumsfaktor sei und bleibe, den Zusammenhang zwischen Einschulungsalter und Bildungserfolg (Zielgrößen: Wiederholung von Klassen und erreichter Bildungsabschluss). Dazu wurden die Daten von 2800 Personen aus Ost- und Westdeutschland ausgewertet (Young Adult Longitudinal Survey 1991–1995/6), die zwischen 1966 und 1980 in die Schule kamen und retrospektiv zu ihrer Kindheit und Jugend befragt wurden (Hurrelmann et al. 2003).

Sie kommen zu dem Ergebnis, dass, wer erst mit 7 Jahren eingeschult wurde, tendenziell einen schlechteren Schulabschluss machte als jüngere Schulstarter. Auch nach Kontrolle von Einflussfaktoren (Intelligenz, Motivation, Erziehung, Familiensituation u.a.) änderte sich das Ergebnis nicht. Kinder, die vom Schulbesuch zurückgestellt und ein Jahr später eingeschult worden waren, erreichten dadurch keinen nachweisbar besseren Schulabschluss. Auch die Wahrscheinlichkeit sitzenzubleiben sank nicht.

Als Schlussfolgerung formulieren die Autoren, dass Kinder nicht ohne schwerwiegenden Grund vom Schulbesuch zurückgestellt werden sollten, da das physische Alter als Reifemaß mit dem Entwicklungsstand der Kinder offenbar nicht immer übereinstimmt. Entsprechend empfehlen sie individuelle Schulreifetests und -diagnostik, welche neben den physischen und kognitiven auch soziale Aspekte einbeziehen.

Puhani und Weber (2005) werteten retrospektiv umfangreiche Datensätze aus, die Informationen zum Einschulungsalter enthalten, mit der Frage, welchen Effekt das Einschulungsalter auf die Schülerleistung hat. Verzerrende Einflussfaktoren, wie beispielsweise unterschiedliches Leistungsvermögen, wurden durch die Anwendung ökonometrischer Methoden kontrolliert.

Dazu wurden die Ergebnisse der Grundschul-Lese-Untersuchung IGLU für Deutschland herangezogen, um die Auswirkung des Einschulungsalters auf die Ergebnisse des 2001 durchgeführten Leseverständnistests zu untersuchen. Für 6.600 Viertklässler zeigte sich, dass später eingeschulte Kinder deutlich bessere Testergebnisse erzielten als früher eingeschulte. Dies bestätigte die parallele Auswertung von Leistungen aller Schüler/-innen, die im Schuljahr 2004/05 in Hessen unterrichtet wurden.

Für die Zielgröße „besuchte Schulform" ergab sich für eine Stichprobe von 182.676 Kindern, die in den Schuljahren 1997–1999 eingeschult worden waren, folgendes Ergebnis: Es bestand ein signifikanter Einfluss des Einschulungsalters auf die später besuchte Schulform, ältere Schulanfänger besuchten eher höhere Schulformen (Gymnasien).

Zur Überprüfung der Plausibilität der Untersuchungsergebnisse wurde eine qualitative Befragung unter 25 Schulleiter(inne)n in Hessen durchgeführt: Diese bestätigten die mangelnde Schulreife sehr junger Erstklässler, insbesondere bezüglich Konzentrationsfähigkeit, Selbstorganisation und Überwindung von Frustration.

Zusammenfassung

Die kontroverse Diskussion zum Einschulungsalter hat mehrere Gründe, da sie von verschiedenen Faktoren beeinflusst wird, sodass direkte Vergleiche teilweise schwierig und nur bedingt zulässig sind.

Die aktuelle Diskussion berücksichtigt besonders Untersuchungen vor dem Hintergrund wirtschaftlicher Aspekte, da eine früher begonnene oder auch kürzere Schulzeit von ökonomischem Nutzen zu sein scheint.

Einen gesundheitsfördernden Ansatz, wie ihn die Waldorfpädagogik vertritt, sucht man in diesen Studien vergeblich, obwohl gerade der gesunden Entwicklung hohe Priorität zukommen müsste. Denn nur gesunde Menschen werden in der Lage sein, ihr Leben frei, kreativ und produktiv zu gestalten (Deutscher Bildungsrat 2007).

3.2.4.2 Zum normativen Übergangsprozess der Einschulung

Beelmann (2006) untersuchte den Prozessverlauf von drei normativen Übergängen im Kindesalter (Eintritt in den Kindergarten, in die Grundschule und schließlich in eine weiterführende Schule) unter besonderer Berücksichtigung kindlicher Anpassungsleistungen. Neben einer detaillierten Beschreibung der äußeren Lebenssituation der Kinder im Kontext des Übergangsereignisses wurden ihre Belastungen gemessen sowie die kindlichen Anpassungsprozesse einer Analyse unterzogen.

Die Längsschnittstudie mit 2 Messzeitpunkten (3 Monate vor und 3 Monate nach dem Übergangsereignis) wurde 1997 mit n = 180 Kindern aus verschiedenen Regionen Nordrhein-Westfalens durchgeführt. Außer den Kindern wurden auch deren Eltern sowie die jeweiligen Pädagogen mit verschiedenen validierten Instrumenten befragt. Kontrolliert wurden folgende Einflussfaktoren: höchster Bildungsabschluss bei den Eltern, Anzahl der Bücher im Haushalt, Anzahl fester Freundschaften des Kindes, Besuch regelmäßiger Gruppen/Kurse durch das Kind.
Für jedes Übergangsereignis betrug die Stichprobe n = 60 Kinder.

Zusammenfassend kommt Beelmann (2006: 199) für den Übergang vom Kindergarten in die Schule zu folgendem Ergebnis: Dem Schulbesuch des Kindes wird in der Familie ein hoher Stellenwert beigemessen. Sowohl die positive Beurteilung des erzieherischen Einflusses durch den neuen Lehrer als auch die hohen Bildungserwartungen der Eltern und die intensive Unterstützung bei den Hausaufgaben erlauben diesen Rückschluss. Allerdings reduzieren sich nach erfolgtem Übergang Schutz- und Beaufsichtigungsfunktionen den Kindern gegenüber seitens der Mütter deutlich. Beelmann interpretiert dies als eine „fortschreitende sozial-emotionale Loslösung".

Was die Belastungen anbelangt, bewegen sich die Veränderungen in den untersuchten Bereichen Familie, pädagogische Betreuung und Gleichaltrigenbeziehungen bei allen drei Übergängen auf mittlerem Niveau, was den Autor zu dem Schluss kommen lässt, „den Übergangsereignissen generell eher den Charakter einer zu bewältigenden Herausforderung beizumessen als in diesem Zusammenhang allgemein problematische oder gar krisenhafte Anpassungsverläufe bei den Kindern anzunehmen" (Beelmann 2006: 200). Somit stehen seine Befunde im Widerspruch zu den gängigen Forschungsergebnissen und der theoretischen Annahme, dass der Schuleintritt ein kritisches Lebensereignis sei.

Anzumerken ist bei dieser Studie Folgendes:
Die Fallzahl ist sehr gering (60 Teilnehmer pro Übergang) und aus der Beschreibung wird nicht deutlich, nach welchen Kriterien die Kinder in die Untersuchung aufgenommen wurden, sodass eine Verallgemeinerung dieser Ergebnisse problematisch erscheint.

Im Hinblick auf die Früheinschulung ist das Alter der untersuchten Kinder wichtig: Was den Übergang vom Kindergarten in die Schule anbelangt, dürften die Kinder zum Zeitpunkt der Befragung durchschnittlich 6,5 Jahre alt gewesen sein, sodass sich die Frage stellt, ob die Ergebnisse auch für ein Jahr jüngere Kinder Gültigkeit haben. Zudem lässt die Fokussierung auf kurzfristige Anpassungsprozesse keine Schlussfolgerungen für längerfristige Entwicklungen zu.

Grotz (2005) ging der Frage nach, welchen Einfluss familiäre und institutionelle Unterstützung beim Übergang vom Kindergarten in die Schule auf Kinder haben. Vor dem Hintergrund der Tatsache, dass es für ca. die Hälfte aller Kinder schwierig ist, den Übergang vom Kindergarten ins formale Schulsystem zu bewältigen untersuchte Grotz (2005: 171), unter welchen Bedingungen allen Vorschulkindern der Einstieg ins Bildungssystem gelingen kann.

Die Untersuchung wurde als Längsschnittstudie mit zwei Messzeitpunkten jeweils 6 Monate vor und nach dem Schuleintritt konzipiert. Dazwischen lagen zwei Erhebungseinheiten für kontrollierte Einzelfallstudien. Die Studie wurde mit n = 73 Kindern, deren Eltern, Erzieher(inne)n und Lehrer(inne)n durchgeführt. Die Autorin kommt zu dem Ergebnis, dass der Übergang vom Kindergarten in die Schule wesentlich von der Bewältigungstendenz abhängt, die Kinder vor der Einschulung in ihren Lebensbereichen Familie und Kindergarten zeigen. Auch ist das gemeinsame familiäre und institutionelle Ausmaß an Unterstützung bedeutsam, das die Kinder nach dem Schuleintritt erleben. Je besser die Anpassungsfähigkeit der Kinder zu Beginn des Übergangs war und je höher das Ausmaß an familiärer und institutioneller Unterstützung aus Kindersicht nach dem Schuleintritt war, desto besser gelang den Kindern die Bewältigung des Übergangs. Je schlechter die Anpassungsfähigkeit der Kinder war und je geringer die Unterstützung seitens Familie und Lehrkraft von den Kindern erlebt wurde, desto schlechter gelang ihnen der Übergang.

Auch hierzu einige Anmerkungen:
Einflussfaktoren wie das Alter der Kinder, Geschlecht und Entwicklungsstand wurden nicht kontrolliert. Im Hinblick auf die Herabsetzung des Einschulungsalters und die Vermeidung von Zurückstellungen können diese Ergebnisse aktuell nur eingeschränkt auf Erstklässler übertragen werden, da Kinder zukünftig den Übergangsprozess teilweise in einem früheren Lebensalter zu bewältigen haben, als die Kinder dieser Studie.

3.3 Ist die Schule reif für das Kind?

Der Schulfähigkeitsbegriff entwickelte sich im Laufe der Zeit weiter in Richtung eines relativ verstandenen: Er wird als interaktionistisches Zusammenspiel von persönlichen Voraussetzungen schulpflichtiger Kinder mit den Anforderungen der Schule angesehen. Im Zusammenhang mit der Diskussion um eine kürzere Verweildauer im Schulsystem rückt die Frage „Ist die Schule reif für das Kind?" in den Blick der Erziehungswissenschaft. So geht es nicht mehr „um die mögliche Schulfähigkeit eines Kindes, sondern um die notwendige Kindfähigkeit einer Schule" (Burk 2006: 6).

Eine Reihe von Schulversuchen mit Veränderungen des Schulanfangs tragen dieser Entwicklung Rechnung. Bei diesen veränderten Formen des Schulanfangs steht nicht eine trennende Strategie mit dem Ziel einer homogenen Lerngruppe im Vordergrund, sondern eine integrative Strategie unter Erhalt der Heterogenität mit unterschiedlicher Verweildauer in den ersten beiden Klassenstufen.

3.3.1 Die neue Schuleingangsstufe

In der gesamten Bundesrepublik wurde seit den 1990er Jahren an verschiedenen Orten eine neue Form des Schuleingangs erprobt. In dieser neuen Schuleingangsstufe (auch flexible Eingangsphase, Schulanfangsphase, Schuleingangsphase genannt) werden alle Kinder, die zum Unterrichtsbesuch angemeldet werden, gemeinsam eingeschult. Die Kinder werden gemäß ihren Voraussetzungen gefördert – sowohl leistungsstarke wie leistungsschwache Kinder. Die unterschiedlichen Erfahrungen und Lernvoraussetzungen werden als Chance gesehen. Meistens werden zwei Klassenstufen als pädagogische Einheit betrachtet (Klasse 1 und 2), wobei frühe Einschulung der Kinder und Vermeidung von Rückstellungen zum Konzept zählen. Daher kann sich eine Altersdifferenz bzw. -mischung von bis zu vier Jahren ergeben.

Als Zielsetzung der neuen Schuleingangsstufe formulierte Burk (2006: 3): „Die ersten und zweiten Schuljahre sollen konzeptionell und strukturell so verändert werden, dass alle sechsjährigen Kinder (in begründeten Einzelfällen auch Fünfjährige) ohne Feststellung der Schulfähigkeit in die Schule aufgenommen werden und mit Erfolg die Schule besuchen können."

Der Verzicht auf eine Einschulungsuntersuchung zum Schulanfang beendet die Vorstellung einer Eingangsnorm und führt zu einer größeren Entwicklungsheterogenität in den Schulanfängergruppen. Hierauf muss sich die Schule einstellen und Bedingungen schaffen, sodass alle Kinder in ihrem Lernen und ihrer Entwicklung individuell gefördert werden.

Damit verbunden sind Organisationsformen, die eine flexible Einschulung – beispielsweise durch einen zweiten Einschulungstermin zum Schulhalbjahr –, aber auch eine flexible Verweildauer in der Schuleingangsstufe ermöglichen.

Gemeinsam ist allen diesen Schuleingangsphasen (Faust-Siehl, 2001: 194–252)

- Differenzierung der Anforderungen je nach Lernstand der Kinder
- Rhythmischer Tageslauf
- Förderdiagnostik
- Elterninformation
- Zusammenarbeit mit sonderpädagogischem Fachpersonal

3.3.2 Die flexible Schulanfangsphase in Berlin

In den staatlichen Grundschulen Berlins wurde mit der Herabsetzung des Einschulungsalters eine flexible Schulanfangsphase eingeführt, wie sie oben skizziert wurde: Schulreife spielt für die Aufnahme keine Rolle mehr. Durch das pädagogische Programm können die Kinder die Schulreife in der Schule erlangen.

Kinder im Alter von 5,5 bis etwa 8 Jahren (früher eingeschulte Kinder und spät eingeschulte mit längerer Verweildauer erweitern die Altersspanne auf 5–9 Jahre) werden gemeinsam unterrichtet und gefördert. Eine Regeldurchlaufzeit von zwei Jahren wird erwartet. Der Übergang in die 3. Klasse erfolgt, wenn die entsprechenden Fähigkeiten und Fertigkeiten der einzelnen Kinder nach ein, zwei oder drei Jahren erreicht worden sind. Ziel ist die individuelle Förderung in kleinen Lerngruppen innerhalb heterogener, sich jährlich verändernden Klassenverbände. Hieraus resultiert für die gesamte Bildungszeit eine wesentlich größere Altersspanne in den Schulklassen. Schüler/-innen mit ähnlichem Leistungsniveau sollen in Lerngruppen unterrichtet werden und nicht mehr in Jahrgangsklassen (Wilde 2007). Der Aspekt der Kontinuität in den Beziehungen findet hier keine Berücksichtigung.

3.4 Gestaltung der Übergänge unter waldorfpädagogischen Aspekten

Bei vorgezogener Einschulungspflicht wird in der Regel die Hälfte der Kinder eines Geburtsjahrgangs, die früh im Jahr geborenen, unmittelbar vom Kindergarten in die 1. Klasse der Waldorfschule wechseln, sofern sie nach waldorfpädagogischen Gesichtspunkten die Erstklassreife erreicht haben.
Für die sogenannte vorschulische Bildung bis zur Einschulung in die erste Klasse bleibt der Waldorfkindergarten die zuständige elementare Bildungsinstitution (1.). Wegen der Früheinschulung kamen die beiden Varianten der Einschulung (2., 3.) vor der ersten Klasse hinzu, um für die Erlangung der Reife ebenso günstige Bildungsbedingungen zu bieten.

Tab. 1: Das Jahr vor Aufnahme der Kinder in die 1. Klasse – drei Varianten der Gestaltung

1. Kindergartenkinder Waldorfkindergarten	2. Schulkinder Außenstellen im Waldorfkindergarten	3. Schulkinder Eingangsstufen- klassen an der Waldorfschule
noch nicht schulpflichtig noch nicht erstklassreif	schulpflichtig noch nicht erstklassreif	schulpflichtig noch nicht erstklassreif
5,0 bis 5,5 Jahre alt in der ersten Jahreshälfte geboren	5.6 bis 6,6 Jahre alt in der zweiten Jahreshälfte geboren	5,6 bis 6,6 Jahre alt in der zweiten Jahreshälfte geboren
Altersheterogen	Altersheterogen	Altershomogen
Bleiben im Waldorfkindergarten und nehmen an den Angeboten für Kinder vor der Einschulung teil. Im Folgejahr Wechsel in die erste Klasse	Bleiben am Waldorfkindergarten, der Schulaußenstelle ist und nehmen an den Angeboten für früh eingeschulte Kinder teil. Im Folgejahr Wechsel in die erste Klasse	Wechseln in eine der ersten Klasse vorangestellte Eingangsstufenklasse der Schule und nehmen an den Angeboten für früh eingeschulte Kinder teil. Im Folgejahr Wechsel in die erste Klasse

3.4.1 Konzept des Waldorfkindergartens

Noch nicht schulpflichtigen Kindern bietet das Konzept der Waldorfpädagogik für die ersten Kindheitsjahre viel Raum für eine möglichst intensive Betätigung des freien Willens, der sich am deutlichsten im kindlichen Spiel zeigt. Dies geschieht einerseits aus eigenen Impulsen der Kinder oder spontan aus Wahrnehmungen und bedarf andererseits vielfältiger Anregungen (Patzlaff und Saßmannshausen 2007: 17–26).

Diese erhält das Kind vom Erwachsenen durch eine umfassende Lebenskultur, welche die Alltagsgestaltung durchdringt. Sinnvolle Arbeiten in der Gruppe, im Haushalt, in Hof und Garten sowie Kontakte zur Nachbarschaft, die Gestaltung des täglichen Lebens wie auch der Feste bieten eine Fülle von Lern- und Übungsfeldern, auf die Kinder individuell zugreifen können. Sie nehmen die Arbeit der Erzieherinnen wahr und sind an ihrer Seite bzw. in ihrem Umfeld tätig. Durch wiederholtes Erleben der Abläufe, die Kinder mitgestalten oder an denen sie teilhaben, werden die „Schulvorläuferfähigkeiten" natürlicherweise mit ausgebildet, ohne in Einzeldisziplinen segmentierte Bestandteile von Programmen im Kinderalltag zu sein.

Die Erzieherinnen sind nach den Eltern bedeutende Bezugspersonen, zu denen das Kind Vertrauen fassen kann. Als Individualitäten gestalten sie möglichst authentisch den Lebensraum für die Gruppen. Sie wirken als Pädagoginnen, die ihre Vorbildfunktion reflektieren.

Durch einen rhythmischen Tageslauf erhalten die Kinder einen sicheren Rahmen für ihre freien Spieltätigkeiten. Pflege einer vielfältigen Lebenskultur, Umgang mit der Natur, eine ästhetische Raumgestaltung stehen für eine umfassende „Bildung", wie sie für die ersten Lebensjahre angestrebt wird. Alles was die Sinne der Kinder belebt und erfrischt, wird so gewählt, dass eine Überfrachtung vermieden wird. Ruhepausen und Stille haben im Rhythmus des Alltags daher ebenfalls Raum.

Die einseitige Förderung oder Überbewertung kognitiver Fähigkeiten wird bewusst abgelehnt. Eine explizite Vorbereitung von Schreiben, Lesen und Rechnen findet im Waldorfkindergarten nicht statt, gleichwohl werden alle grundlegenden Fähigkeiten, die Voraussetzung für den Besuch der Schule sind, gepflegt.

Gemäß den Entwicklungsphasen der Kinder, die individuell recht unterschiedlich, jedoch bei Gleichaltrigen ähnlich sind, strukturiert sich die familienähnliche heterogene Kindergartengruppe in drei Untergruppen. Das Bedeutsame der heterogenen Gruppe liegt darin, dass die verschiedenen Altersgruppen keinesfalls voneinander getrennt auftreten. Die Gruppen fluktuieren permanent, ein Wechseln in den Tätigkeitsfeldern und Spielformen ist jederzeit möglich und wird von den Kindern oft unabhängig vom jeweiligen Entwicklungsstand aktiv gesucht.

Die allgemeinen Angebote sind allen Kindern gleichermaßen zugänglich, jedes findet aus seiner momentanen Perspektive Zugang. Was sich wiederholt, wirkt einerseits vertraut, andererseits wird es mit verändertem Verständnis aufgefasst und daher meist freudig angenommen. Täglich hören die Kinder Märchen und Geschichten, die die Erzieherinnen meist frei erzählen. Aussprache, Sprachvielfalt und Sprechfreude werden bis ins alltägliche Gespräch hinein mit den Kindern sehr bewusst gepflegt. Verse, Lieder, Bewegungsspiele, auch die Zubereitung der Mahlzeiten, werden je nach Neigung, Kraft und Ausdauer von den Kindern aufgegriffen.

Integriert ins allgemeine Geschehen erhalten die Kinder von den Erzieherinnen alters- und entwicklungsgerechte Angebote:

Für die Jüngsten (3 bis 4 Jahre) liegt der Schwerpunkt auf der Bewegung im weitesten Sinne. Dazu gehören die Orientierung im Raum, das Erkunden von Bewegungsräumen und das Vertrautwerden mit der rhythmischen Tagesstruktur und den Gepflogenheiten in der Gruppe.

Der Schwerpunkt **für die mittleren Kinder (etwa 4 bis 5,6 Jahre)** liegt auf der Pflege der Sprachkultur: Zuwendung im geselligen Spiel, soziale Kontakte über Sprache, Austausch in der Gruppe und fantasievoll angeregte sprachliche Äußerungen.

Die ältesten Kinder (5,6 bis 6,6 Jahre) wenden sich häufiger zielgerichtetem Handeln zu. Dazu gehören die Planung von Spielabläufen, die Anleitung und Unterstützung jüngerer Kinder sowie die Erprobung der eigenen Körpergeschicklichkeit und handwerklicher Fertigkeiten. In dieser Altersgruppe werden besondere Aufgaben und Verantwortlichkeiten wahrgenommen. In vielen Kindergartengruppen als „Schulkindarbeit" bezeichnet, werden handwerklich-künstlerische Arbeiten gemeinsam mit den Großen vorbereitet und über einen längeren Zeitraum durchgeführt (beispielsweise wird Wolle beim Schäfer geholt, gewaschen, gefärbt, gezupft, gekämmt, gefilzt etc.). Die Ältesten können Wege und Besorgungen im Haus selbstständig erledigen, den Jahreszeitentisch schmücken, das Puppenspiel aufbauen oder mit vorführen. Einen besonderen Wert erhalten die Arbeiten der Großen u.a. durch die Bewunderung der jüngeren Gruppenmitglieder und deren Vorfreude, bald selbst solche Tätigkeiten übernehmen zu können.

3.4.2 Schulaußenstelle am Waldorfkindergarten – Einschulung vor der ersten Klasse

Waldorfschulen richten in Waldorfkindergärten Schulaußenstellen ein. Die schulpflichtigen, noch nicht erstklassreifen Kinder verbleiben als Schulkinder und Älteste der Gruppe in ihren vertrauten Kindergartengruppen und behalten ihre Erzieherinnen als Bezugspersonen. Sie erfahren ein wie oben (siehe 3.4.1) beschriebenes entwicklungsgerechtes Bildungsangebot.

Darüber hinaus erhalten die eingeschulten Kinder stundenweise gesondert entwicklungsgemäßen Unterricht von einer sogenannten Wanderlehrerin der jeweiligen Partnerschule. In diesem Unterricht werden über den Kindergartenalltag hinausgehende Arbeits- und Lebensprozesse gemeinsam erlebt, etwa durch handwerkliches Arbeiten oder Gänge in die Natur. Das künstlerische Angebot wurde erweitert sowie eine gezielte entwicklungsgerechte Förderung eingerichtet (siehe 5.4.2).

3.4.3 Altershomogene Eingangsstufenklasse – Einschulung vor der ersten Klasse

Die schulpflichtigen, noch nicht erstklassreifen Kinder bilden eine altershomogene Eingangsstufenklasse an der Waldorfschule. Orientiert am Konzept des Waldorfkindergartens ohne jüngere Kinder, führt die Eingangsstufenerzieherin oder -lehrerin die jungen Schüler und lässt viel Zeit für freies Tun und Schaffen. Durch verschiedene künstlerische Angebote wie rhythmische Spiele und musikalische Aktivitäten werden sie entwicklungsgerecht gefördert; für einzelne Angebote kommen teilweise Fachkräfte der Schule hinzu (5.4.3). Darüber hinaus wird Eurythmieunterricht gegeben.

Nach einem Jahr kommen die Schüler gemeinsam mit weiteren, neu aufgenommenen Erstklässlern in die 1. Klasse. Hier werden sie von einer neuen Klassenlehrerin oder einem neuen Klassenlehrer und den Fachlehrer(inne)n unterrichtet.

3.4.4 Zusammenarbeit beim Übergang Kindergarten – Schule

Pädagoginnen und Pädagogen der Waldorfeinrichtungen – wie auch im öffentlichen Schulsystem – thematisierten bisher kaum den Bedarf an Unterstützung und Begleitung der Kinder im Übergang vom Kindergarten in die Schule.

Wo Kindergarten und Schule benachbart sind, fanden mancherorts Übergabegespräche zwischen Erzieherinnen und aufnehmenden Lehrerinnen und Lehrern statt. Eine einheitliche und durchgängige Gestaltung war nicht anzutreffen.

Vor Herabsetzung des Einschulungsalters konnte jedem Kind die Zeit gelassen werden, die es brauchte, um den Übertritt gut zu meistern. Der Übergang wurde nicht prinzipiell als problematisch angesehen. Je nach Individualität des Kindes war ggf. eine Rückstellung oder eine frühere Einschulung möglich.

Bei Kindern, die an einer Waldorfschule angemeldet wurden, war davon auszugehen, dass die Bereitschaft der Eltern und Pädagogen groß war, das Kind bei seinem Übergang zu unterstützen.

4 Methoden

Nachfolgende Ausführungen beschreiben den hier verwendeten Begriff der praxisnahen Evaluation, die Methoden und die Vorgehensweise, sowie die quantitativen und qualitativen Erhebungsinstrumente.

4.1 Praxisnahe Evaluation – eine Begriffsbestimmung

Die praktische Umsetzung der neuen Konzepte und die Gestaltung des Übergangs vom Kindergarten in die Schule sollten in der Phase der Einführung systematisch beobachtet, dokumentiert und begleitet werden. Die Evaluation wurde als Verfahren gewählt, um die Konzepte auf Grundlage der Waldorfpädagogik unter Berücksichtigung der gesundheitsfördernden Wirkung zu bewerten.

Evaluation wird im Wörterbuch der Pädagogik definiert als „die wissenschaftlich angeleitete und methodisch durchgeführte Bewertung von Programmen, Projekten, Prozessen [...] nach ökonomischen Kriterien bzw. unter dem Gesichtspunkt der Rationalisierung, seit den 1980er Jahren auch auf die Arbeit und die ‚Erträge' von Erziehungs- und Bildungsinstitutionen bezogen" (Bohm 2005: 194).

Mitglieder des „Arbeitskreises Übergang Kindergarten – Schule" (AKÜKS) führten die externe Evaluation durch. Die Untersuchung und Bewertung der Eingangsstufenkonzepte an Berliner Waldorfschulen zählte zu ihrem Arbeitsauftrag (2.7). In ihrer beruflichen Praxis waren sie im medizinischen, pädagogischen und therapeutischen Bereich tätig und mit der Betreuung von Kindern im Übergang vom Waldorfkindergarten in die Waldorfschule befasst.

Der Terminus „praxisnah" beschreibt die systematische Durchführung der Evaluation durch Praktiker. In Abgrenzung zur Praxisforschung (Altrichter und Posch 1997: 284–306) erfolgte keine aus der Praxis entwickelte Selbstevaluation.

Flick (2006: 14) beschreibt vier Funktionen von Evaluation: Erkenntnisfunktion, Kontrollfunktion, Lernfunktion und Legitimierungsfunktion. Die vorliegende Evaluation kann als Evaluation mit Lernfunktion eingeordnet werden.

Als Instrument der Qualitätssicherung sollten die vier Standards der Deutschen Gesellschaft für Evaluation (DeGEval, 2002: 8) Nützlichkeit, Durchführbarkeit, Fairness, Genauigkeit erfüllt werden.

Ziel war es, die neuen Berliner Schuleingangskonzepte im Hinblick auf eine waldorfpädagogische und an einer gesunden Entwicklung des Kindes orientierte Gestaltung des Übergangs Kindergarten – Schule zu bewerten.

Als Handlungskonsequenz können daraus Empfehlungen für die zukünftige Gestaltung der Eingangsstufe an Waldorfschulen abgeleitet werden.

4.2 Die Evaluation im Überblick

Abb. 1: Quantitative und qualitative Untersuchungen, mit Angaben zu den Erhebungszeitpunkten: t1 November 2005, t2 Mai 2006 und t3 November 2006 und Angabe der jeweiligen Anzahl der Kinder

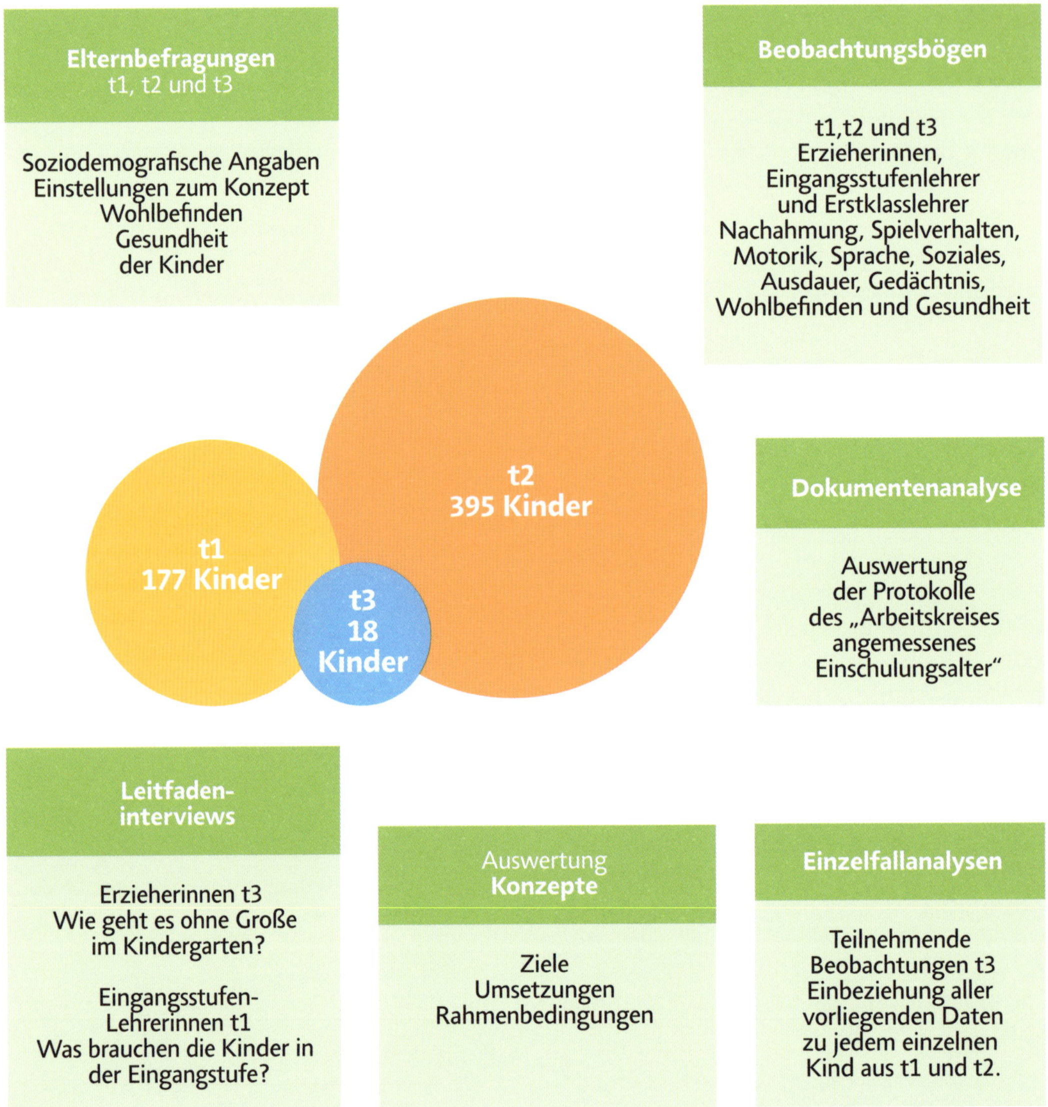

4.3 Erhebungsinstrumente

Zur Erhebung relevanter Informationen über die Kinder wurden quantitative und qualitative Erhebungsinstrumente eingesetzt (Flick 2000: 309–318). Eine Triangulation der Ergebnisse aus den unterschiedlichen Verfahren wurde angestrebt, um zu einer tieferen Erfassung der Situation früh eingeschulter Kinder zu kommen. Durch den Einsatz komplementärer Methoden sollten Einseitigkeiten und/oder Verzerrungen kompensiert werden (Flick 2000: 320).

4.3.1 Quantitative Erhebung

Informationen über die Kinder wurden aus der Perspektive der Eltern und der Erzieherinnen mittels Fragebogen erhoben. Damit konnten Basisdaten über jene Kinder gesammelt werden, die im Untersuchungszeitraum in den jeweiligen Eingangsstufen anwesend waren.

Die Rahmenbedingungen und die konzeptionellen Zielsetzungen wurden von den verschiedenen Einrichtungen schriftlich abgefragt. Eine Validierung und Normierung der quantitativen Erhebungsinstrumente im Vorfeld musste aus Zeitgründen entfallen.

4.3.1.1 Elternfragebogen

Soziodemografische Daten sowie Informationen zu Lebensweise, Entwicklung und Gesundheit sowie Wohlbefinden der Kinder wurden in einem Elternfragebogen abgefragt (Anhang 1). Auch konnten die Eltern ihre Einstellung zur Früheinschulung und zur eigenen Informiertheit über das Schuleingangsstufenkonzept ihrer Einrichtung mitteilen.

Der standardisierte, d.h. mit vorgegebenen Antwortkategorien versehene Bogen enthielt 33 Fragen. Geschlossene Fragen konnten auf einer 4-stufigen Einschätzskala (trifft zu – trifft eher zu – trifft eher nicht zu – trifft nicht zu) beantwortet werden.

4.3.1.2 Beobachtungsbogen für Erzieherinnen und Eingangsstufenlehrerinnen

Der Beobachtungsbogen für Erzieherinnen (Anhang 2) wurde im Hinblick auf die Umsetzbarkeit im Praxisalltag mit Kindern abgestimmt:

- Die Kinder sollten nicht individuell getestet werden.
- Die Beobachtungen der Erzieherinnen sollten in den täglichen Ablauf integrierbar und mit möglichst geringen zusätzlichen Aufwendungen verbunden sein.

Der aus der pädagogischen Kindergartenpraxis entwickelte Fragebogen enthielt vorgegebene Antwortkategorien, die auf einer 4-stufigen Einschätzskala (trifft zu – trifft eher zu – trifft eher nicht zu – trifft nicht zu) beantwortet werden konnten.

Der Beobachtungsbogen für Erzieherinnen und Lehrerinnen ist in 6 Untersuchungsbereiche mit insgesamt 64 Items gegliedert:
Wohlbefinden
Nachahmung
Spielverhalten
Motorik
Sprachverhalten
Aufmerksamkeit, Ausdauer, Gedächtnis

4.3.1.3 Rahmenkonzepterhebung

Zielformulierungen und Begründungen für die Wahl des Konzeptes lagen nur für einige wenige Einrichtungen vor. Diese wurden deshalb nachträglich durch einen Fragebogen zu den Rahmenbedingungen und der inhaltlichen Umsetzung ermittelt.

4.3.2 Qualitative Erhebung

Um die ersten Erfahrungen der Pädagoginnen mit der Umsetzung und den Auswirkungen der Konzepte wahrzunehmen, wurden durch Gespräche, Befragungen, Austausch und Hospitationen qualitative Daten erhoben.

4.3.2.1 Leitfadeninterviews mit Erzieherinnen und Lehrerinnen der Eingangsstufe

Für die Interviews erfolgte vorab die Erstellung eines Leitfadens durch Gespräche mit Fachkräften der Waldorfeinrichtungen in Berlin (Merton und Kendall 1956 in Lamnek 2005: 368–371). Einerseits hatten die Interviewten durch eine offene persönliche Gesprächsform die Möglichkeit, eigene Schwerpunkte zu setzen (Froschauer und Lueger 2003). Andererseits gewährleistete eine Vorstrukturierung des Gesprächs die Vergleichbarkeit der Interviews.

Bei der Befragung teilten die Pädagoginnen ihre Beobachtungen an den Kindern mit. Die Idee und Umsetzung des Konzeptes und die nach den Erfahrungen in der Praxis vorgenommenen Veränderungen sollten herausgestellt werden. Ergänzend dazu wurden Fragen zu den Rahmenbedingungen der Einrichtung, zur Zusammenarbeit mit den Eltern und Kollegen sowie zur Fortbildungssituation gestellt.

4.3.2.2 Leitfadeninterviews mit Erzieherinnen im Waldorfkindergarten

In gleicher Weise, nur mit anderen Themenschwerpunkten, wurden Erzieherinnen befragt. Dabei wurde besonders auf das soziale Gruppengefüge in den Kindergartengruppen ohne die 5,6 bis 6,6-Jährigen geschaut:

- Welche Veränderungen ergaben sich durch die veränderte Altersstruktur in den Gruppen?
- Welche Auswirkungen sind bisher im Alltag für die Kinder, für die Erzieherinnen spürbar?
- Welche weiteren Auswirkungen sind zu erwarten?
- Welche Wünsche ergeben sich?

4.3.2.3 Einzelfallanalysen

Nach dem Übergang in die 1. Klasse erfolgten Beobachtungen einzelner Kinder nach dem Verfahren der „teilnehmenden Beobachtung" (Lamnek 2005: 547–632) im Unterricht. Die Bereiche, die durch die Fragebögen abgefragt wurden, bildeten die Struktur der ansonsten freien Beobachtung. Die Analyse bezog die aus den vorherigen Erhebungen gewonnenen Daten für die jeweiligen Kinder in die Interpretation ein.

4.3.2.4 Dokumentenanalyse

Mittels des qualitativen Verfahrens der Dokumentenanalyse sollte der Weg nachgezeichnet werden, wie der in Berlin eingerichtete „Arbeitskreis angemessenes Einschulungsalter" der Waldorfeinrichtungen Berlins und Brandenburgs Fragen im Zusammenhang mit der Vorverlegung des Einschulungsalters behandelt und die Konzeptentwicklungsarbeit durchgeführt hatte.

Dokumentenanalyse erschließt Material und Daten, die bereits vorliegen. Der qualitativen Interpretation der Dokumente kommt ein entscheidender Stellenwert zu (Mayring 2003: 47). Als Daten und Dokumente lagen die Sitzungsprotokolle des Arbeitskreises und der Landesarbeitsgemeinschaft der Waldorfschulen in Berlin und Brandenburg vor.

4.4 Durchführung und Vorgehensweise

Die Evaluationsergebnisse sollten für die weitere Vorgehensweise hinsichtlich der Schuleingangskonzepte für das Schuljahr 2007/08 berücksichtigt werden.

4.4.1 Zeitrahmen

Die Zeitvorgabe lautete daher, dass im Januar 2007 die Ergebnisse vorliegen sollten. Damit reduzierte sich die eigentliche Untersuchung im Feld auf ein Jahr, also einen sehr kurzen Zeitraum, in dem Veränderungen – wenn überhaupt – nur eingeschränkt beobachtbar sind.

4.4.2 Untersuchungsdesign

Die Evaluation wurde als Längsschnittstudie mit 3 Erhebungszeiträumen von jeweils ca. 4 Wochen geplant. Beginnend mit einer quantitativ angelegten Fragebogenaktion im November 2005 (t1) wurden die Eltern gebeten, mittels eines standardisierten Fragebogens Auskunft zu ihrer Einstellung zur Vorverlegung des Einschulungsalters, zur familiären Situation sowie zu Entwicklung, Gesundheit und Wohlbefinden ihrer Kinder zu geben.

Parallel dazu erfolgten Beobachtungen der Kinder im Kindergartenalltag durch die Erzieherinnen. Diese dokumentierten in einem Beobachtungsbogen mittels einer 4-stufigen Skala die Bereiche Nachahmung, Spielverhalten, Motorik, Sprache, Aufmerksamkeit und Wohlbefinden der Kinder. Diese Erhebungen bei Eltern und Erzieherinnen wurden im Mai 2006 (t2) wiederholt.

Für den Beobachtungsbogen (Anhang 2) der Erzieherinnen wurde auf Basis der Erhebung im November 2006 (t2) eine Faktorenanalyse (siehe Kasten) mit den 395 Datensätzen für die abgefragten Bereiche Nachahmung, Spielverhalten, Motorik, Sprachverhalten, Aufmerksamkeit und Entwicklungsstand durchgeführt (Anhang 3).

Die Faktorenanalyse ist ein Verfahren, das eine größere Anzahl von Variablen anhand der gegebenen Fälle auf eine kleinere Anzahl unabhängiger Einflussgrößen, Faktoren genannt, zurückführt. Dabei werden diejenigen Variablen, die untereinander stark korrelieren, zu einem Faktor zusammengefasst. Variablen aus verschiedenen Faktoren korrelieren gering miteinander. Ziel der Faktorenanalyse ist es also, solche Faktoren zu ermitteln, welche die beobachteten Zusammenhänge zwischen den gegebenen Variablen möglichst vollständig erklären.

Zusammenfassend zeigte sich eine 2-faktorielle Struktur der Daten (mit den Faktoren Motorik/Bewegung und Sprachstand), die zusammen 48 % der Varianz aufklärten. Eine Erhöhung auf 5 Faktoren (freies Spiel, Entwicklungsstand, Nachahmung) ergab eine Gesamtvarianz von 61 %. Der Bereich Aufmerksamkeit konnte nicht abgebildet werden.

4.4.3 Konzeptbeschreibungen

Wegen der geringen Rückmeldungen zu den Konzeptbeschreibungen der Einrichtungen legte AKÜKS den Fragebogen **Rahmenkonzept** vor. Im Zentrum stand eine Abfrage der Ziele in zwei Kategorien:

1. allgemeine Ziele hinsichtlich des Konzeptes der Waldorfpädagogik;
2. persönliche Ziele in der Arbeit mit den Kindern.

Die drei für jeden Befragten wichtigsten Ziele sollten der Rangfolge nach genannt werden. Zum Abschluss wurde angeregt nach einer gewissen Zeit zu überprüfen, ob die gesetzten Ziele im Sinne einer Selbstevaluation erreicht wurden.

Erfragt wurden ebenfalls Informationen zur Gruppe (Anzahl und Alter der Kinder), die personelle Besetzung, die kollegiale Zusammenarbeit, Konferenzen, Fortbildungen und Räumlichkeiten. Die pädagogischen Angebote der Einrichtungen wurden durch entsprechende Angaben im Tages- und Wochenplan ermittelt. Besonderheiten der jeweiligen Gruppe oder Einrichtung konnten genannt werden.

4.4.4 Leitfadeninterviews

4.4.4.1 Eingangsstufenlehrerinnen

Um zu erfassen, wie sich die Veränderungen der Konzepte konkret auf die pädagogische Arbeit mit den Kindern auswirken, wurden zum Schuljahresbeginn 2005/2006 **qualitative Leitfadeninterviews** mit vier Eingangsstufenlehrerinnen beider Schuleingangskonzepte (Eingangsstufenklasse und Schulaußenstelle) durchgeführt. Dadurch konnten die Einstiegsphase in eine neue Arbeitsweise und die auftretenden Fragestellungen der Pädagoginnen wahrgenommen werden.

4.4.4.2 Erzieherinnen

Ein Jahr später gingen weitere Interviews mit Erzieherinnen der Frage nach, welche Auswirkungen die frühere Einschulung auf die Waldorfkindergärten ihrer Meinung nach hätten.

4.4.5 Teilnehmende Beobachtungen

Zum dritten und letzten Erhebungszeitpunkt im November 2006 (t3) wurde mittels mehrperspektivischer Einzelfallbetrachtungen und Triangulation mit zuvor erhobenen quantitativen Daten untersucht, wie es den Kindern nach dem Übertritt aus der Eingangsstufe in die 1. Klasse der Waldorfschule ging.

Nach den Herbstferien des Jahres 2006 fanden Unterrichtsbesuche in vier ersten Klassen statt. Jeweils während der Hauptunterrichtszeit (90 Minuten) beobachtete ein Mitglied der Arbeitsgruppe von AKÜKS Kinder, die aus den verschiedenen Eingangsstufenkonzepten in die erste Klasse der Waldorfschule übergetreten waren.

Pro Unterrichtsbesuch wurden etwa 3 Kinder beobachtet. Im Anschluss fand jeweils ein Gesprächsaustausch über die beobachteten Kinder zwischen Lehrern und Hospitantin statt. Übereinstimmendes und Abweichendes wurde betrachtet, um die Gültigkeit der getroffenen Einschätzungen im Sinne einer konsensuellen Validierung (Mayring 2002) nach der teilnehmenden Beobachtung zu überprüfen.

4.4.6 Triangulation der Daten aus allen Erhebungszeitpunkten

Folgende Erhebungen wurden zum dritten Untersuchungszeitpunkt (t3) zusammengeführt:

1. Beobachtungen der Kinder (Hospitation in der Klasse, teilnehmende Beobachtung) strukturiert nach den Beobachtungsbereichen der Fragebögen:
   - allgemeine Vitalität und Lebensprozesse (z. B. blass, müde, wach, beteiligt)
   - Nachahmung, unterschieden nach eher typisch wie erstes oder wie zweites Jahrsiebt
   - Interesse und Beteiligung, Aufmerksamkeit und Ausdauer am Unterricht
   - Motorik
   - Koordination
   - Sprache und Soziales (wurden später wieder herausgenommen, da vom Beobachter während des Unterrichts nicht/kaum beobachtbar)
2. Beobachtungen des Klassenlehrers (erfolgte nicht durch alle Lehrer)
3. Eltern- und Erzieher-/Lehrer-Angaben aus t1 und t2, dritte Befragung der Eltern t3.
4. Rückblick und Austausch über die Kinder mit dem Klassenlehrer
5. Beobachtungen der Hortnerin bei 7 Kindern.

4.4.7 Dokumentenanalyse

Schließlich dienten die Protokolle des „Arbeitskreises angemessenes Einschulungsalter" während des Auswertungsprozesses als Grundlage, um die jeweiligen Konzeptentwicklungen zu verstehen. Aus 15 Protokollen wurden mittels qualitativer Dokumentenanalyse der Prozess und die Arbeitsweise dieses Arbeitskreises ermittelt.

4.5 Zusammenarbeit AKÜKS mit AKÜKS BB

Im Rahmen der laufenden Projektarbeit haben sich die Arbeitsgruppen insgesamt sechsmal in Berlin getroffen. Der Ablauf und die Methoden sowie die Einschätzung der Praxistauglichkeit der Befragungsinstrumente wurden in gemeinsamen Arbeitssitzungen besprochen. Zwei dieser Veranstaltungen bezogen die interessierten Waldorfpädagogen, Therapeuten und Ärzte der Berliner Einrichtungen aus der gesamten Region zu einem Austausch mit ein. Zur Vorbereitung der dritten Erhebungsphase wurde Erstklasslehrer(inne)n und Hortner(inne)n das weitere Vorgehen vorgestellt. Die Projektleiterin der externen Arbeitsgruppe hielt zu anstehenden Fragen Kontakt zum regionalen Koordinator in Berlin.

Vornehmlich im ersten Halbjahr 2005/2006 führten die Mitglieder der externen Evaluationsgruppe Hospitationen sowohl in Schuleingangsklassen als auch Schulaußenstellen durch, um die jeweiligen Bedingungen vor Ort kennenzulernen.

4.6 Datenschutz und Freiwilligkeit

Im Vorfeld und im Laufe der Untersuchung, wie etwa an Elternabenden, wurden die Teilnehmenden über die Einhaltung des Datenschutzes ausführlich informiert.

Jedem Fragebogen war ein Merkblatt zum Datenschutz beigefügt. Allen teilnehmenden Einrichtungen, den Eltern und Erzieherinnen wurde die anonyme Auswertung der Daten zugesichert.

4.7 Auswertung

4.7.1 Quantitative Datenauswertung

Die Auswertung der quantitativen Befragungen (Fragebögen für die Eltern und Beobachtungsbögen für die Erzieherinnen) und der Rahmenkonzepte erfolgten mit Access sowie der Statistiksoftware SPSS.

Im Sinne der qualitativen Inhaltsanalyse (Mayring 2003) kamen quantitative Bündelungen und Auszählungen sowie Gewichtungen ebenfalls in qualitativen Auswertungen ohne computergestützte Auswertungsprogramme zur Anwendung.

4.7.2 Qualitative Datenauswertung

4.7.2.1 Leitfadeninterviews

Die Auswertung der Interviews der Eingangsstufenlehrerinnen (2005) und der Erzieherinnen (2006) erfolgte entsprechend dem Verfahren der qualitativen Inhaltsanalyse (Mayring 2003) in vier Phasen: 1. Transkription, 2. Einzelanalyse, 3. generalisierende Analyse und 4. Kontrollphase. Die Grundcharakteristika des Ablaufverfahrens bilden: Zusammenfassung der Interviewtexte, Explikation und Strukturierung. Die transkribierten Gesamttexte wurden vor der Auswertung jeweils den Interviewteilnehmerinnen vorgelegt. Nur durch sie genehmigte Texte wurden ausgewertet.

Vor Durchführung der Interviews wurde vereinbart, dass die Teilnehmerinnen zwecks konsensueller Validierung die Ergebnisse nach erfolgter Auswertung erhalten (Schulze in Friebertshäuser und Prengel 2003: 332). Die vollständige Beschreibung der Datenanalyse der Leitfadeninterviews der Eingangsstufenlehrerinnen erfolgte im Rahmen einer Aufgabenstellung des Master-Studiengangs Education der Universität Plymouth (Kaiser 2006).

4.7.2.2 Einzelfallanalysen – teilnehmende Beobachtungen und Triangulation der Daten aller Erhebungszeitpunkte

Die passiv teilnehmenden Beobachtungen (Lamnek 2005: 564) während des Unterrichts in der 1. Klasse bezogen Bereiche der Beobachtungsbögen für die Erzieherinnen und Lehrerinnen (4.3.1.2) ein. Daten aus den Fragebögen der Eltern und Erzieherinnen wurden mittels Triangulation (4.3) in die Auswertung einbezogen.

4.7.2.3 Dokumentenanalyse

Die Datenanalyse erfolgte auf Basis der zur Verfügung stehenden Protokolle des regionalen „Arbeitskreises angemessenes Einschulungsalter". Insgesamt erfolgte die Interpretation der Protokolltexte hinsichtlich der Fragestellungen:

1. Welche Ziele verfolgte der Arbeitskreis?
2. Wer nahm an der Arbeit teil, wie häufig und regelmäßig?
3. Welche Ziele und Kriterien erarbeitete er zur Konzeptgestaltung frühere Einschulung?
4. Welche Prozessqualtität war anhand der Protokolle feststellbar (regionaler Arbeitskreis)?
5. Wie flossen Ergebnisse aus dem regionalen Arbeitskreis in die örtliche Arbeit?

5 Ergebnisse

5.1 Entwicklung von Konzepten

Obschon Waldorfpädagogik einen einheitlichen Gesamtbildungsgang von 0–18 Jahren beschreibt, verlief die pädagogische Arbeit der Waldorfkindergärten und Waldorfschulen bisher vornehmlich voneinander getrennt, selbst wenn sie als Einrichtungen demselben Trägerverein angehörten und sich auf dem gleichen Gelände befanden. Dazu trugen die traditionelle Gliederung des Bildungssystems in Deutschland und die rechtlich-wirtschaftliche Organisationsstruktur der Ministerien (Kultus bzw. Kultur: Schule; Soziales: Kindertagesstätten) bei.

Die Vorverlegung des Einschulungsalters und die notwendig gewordene neue Gestaltung des Übergangs veranlasste die Berliner und Brandenburger Waldorfeinrichtungen in einem regionalen Arbeitskreis zusammenzuarbeiten.

5.1.1 Regionaler „Arbeitskreis angemessenes Einschulungsalter" Berlin-Brandenburg (BB)

Protokolle der Arbeitskreissitzungen des regionalen Arbeitskreises BB im Zeitraum von 2003 bis 2005 wurden nachträglich qualitativ ausgewertet und die Ergebnisse zusammengefasst. Insgesamt fanden 15 Treffen statt, sieben im Jahre 2003, sechs 2004 und zwei 2005. Darüber hinaus fanden örtliche Arbeitskreissitzungen an Waldorfschulen statt. Über diese Treffen konnte keine Übersicht zu Struktur, Teilnehmern usw. erstellt werden, da eine Dokumentation fehlte.

Eine Darstellung der Teilnahme von Einrichtungen und Berufsgruppen erfolgt in Kap. 6.2 (Abb. 13 und 14), um doppelte Abbildungen zu vermeiden.

Abb 2.: Anzahl der Teilnehmer an den regionalen Arbeitskreistreffen

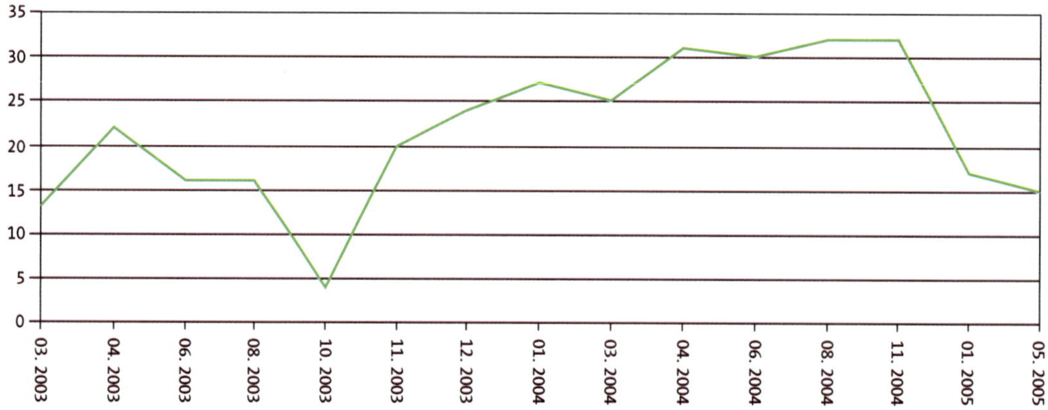

Die Abbildung zeigt die jeweilige Teilnehmerzahl des „Arbeitskreises angemessenes Einschulungsalter" bei den insgesamt 15 Zusammenkünften 2003–2005.

5.1.1.1 Entscheidungskompetenz

Die Entscheidung, welches Konzept gewählt wurde, lag bei den jeweils autonom arbeitenden Waldorfschulen. Der regionale Arbeitskreis verstand sich als Impulsgeber und trug zur Entwicklung pädagogischer Zielvorgaben bei.

5.1.1.2 Wissenschaftliche Begleitung

Mit Einführung und Umsetzung der Konzepte beschloss der Arbeitskreis eine wissenschaftliche Begleitung gemeinsam mit AKÜKS (2.7) durchzuführen.

5.2 Überlegungen zur Konzeptwahl

Während der Diskussionsphase zu Beginn lautete eine Position, das Waldorfkonzept werde optimal umgesetzt und der Waldorflehrplan habe sich bewährt. Die Kollegien hielten sich im Austausch meist an die herkömmlichen und bekannten Positionen der Waldorfpädagogik: Keine Aufnahme in die erste Klasse ohne entsprechende Reife (3.1.4). Kinder müssen diese zuvor erreichen.

Eine weitere Position war, inhaltliche Veränderungen des Konzeptes vorzunehmen, wenn Kinder früher in die der Unterstufe aufgenommen würden. Dabei zeigten die beteiligten Pädagoginnen Einigkeit darin, in welcher Richtung die unterstützenden Angebote für früh eingeschulte Kinder vor Erlangung der Erstklassreife erweitert werden sollten:

- Gelebtes Handwerk (Erzieherinnen oder Lehrerinnen üben Handwerkskünste wie Schreinern, Spinnen, Korbflechten etc. im Beisein der Kinder im Gruppenalltag aus),
- Sinnes- und Naturerfahrungen,
- viel Bewegung.

Der bisher bestehende Mangel, folglich ein akuter Bedarf an solchen Angeboten, wurde gesehen. Im Sinne der Gesundheitsförderung für die Kinder am Übergang vom Kindergarten in die Schule erschien es notwendig in den bestehenden Konzepten diese Bereiche zu verstärken. Allgemein als die pädagogisch beste Lösung wurde der Verbleib der Kinder bis zum Erreichen der Erstklassreife am Waldorfkindergarten angesehen.

Zwei Schulen, die mit Beginn der Konzeptentwicklungsphase alle Kindergärten ihres Einzugsgebietes einbezogen und gemeinsam die Entwicklungsarbeit aufnahmen, favorisierten das Konzept der „verzahnten Zusammenarbeit". Die Kindergärten ihres Einzugsgebietes wollten und sollten aus Sicht der Schule für noch nicht schulreife Kinder die Einschulungsstufe als Außenstellen der Schulen einrichten. Dies war die Grundidee für das Konzept Schulaußenstelle.

Eine Schule stützte sich auf Erfahrungen mit einer Vorklasse, deren Kinder nach der alten Einschulungsregelung zurückgestellt worden waren, also etwa ein Jahr älter waren als heutige schulpflichtige Kinder. Sie entschied sich für die altershomogene Eingangsstufenklasse vor der ersten Klasse,

Diskussionspunkte waren:

- Der Gründung von Schulaußenstellen stand die als aufwändig empfundene Organisation der Zusammenarbeit mit in der Regel mehreren Außenstellen entgegen.
- Als Befürchtung wurde außerdem genannt, bei Eltern kein Verständnis für eine Einschulung an der Schulaußenstelle am Kindergarten zu erreichen. Leichter sei es, die Elternschaft der Waldorfkindergärten von einer Eingangsstufenklasse zu überzeugen.
- Einige Waldorfkindergärten sahen keine Möglichkeit sich auf eine verzahnte Zusammenarbeit mit der Waldorfschule einzurichten, da keine Anbindung an eine solche bestand.
- Waldorfkindergartenkinder wechseln zu etwa gleichen Teilen an Waldorfschulen wie an andere Grundschulen. Das ist häufig von der räumlichen Nähe und Anbindung an eine Waldorfschule abhängig.
- Bedenken gab es gegenüber einer der ersten Klasse vorangestellten, altershomogenen Eingangsstufenklasse. In dem zweifachen Wechsel der Gruppe bzw. Klasse wurde eine zusätzliche Belastung für die Kinder gesehen.

5.2.1 Eingangsstufenkonzepte für schulpflichtige, noch nicht erstklassreife Kinder

5.2.1.1 Konzept Schulaußenstelle

Die Kinder bleiben in der bisherigen altersgemischten Kindergartengruppe, ihre Reifung und Entwicklung wird durch zusätzliche altersspezifische Angebote angeregt. Die Kontinuität in den Beziehungen und im Umfeld bleibt erhalten.

5.2.1.2 Konzept Eingangsstufenklasse

Die Kinder verlassen den Kindergarten und wechseln in die Schule in eine Gruppe oder Klasse vor der ersten Klasse. Sie werden durch speziell auf die Altersgruppe zielende Angebote gefördert. Dies bedeutet für die Kinder und deren Eltern einen zusätzlichen Wechsel der Bezugspersonen, des Umfeldes und der Gruppenzusammensetzung.

Abb 3.: Übergänge der beiden Eingangsstufenkonzepte und Zusammenarbeit Kindergarten – Schule

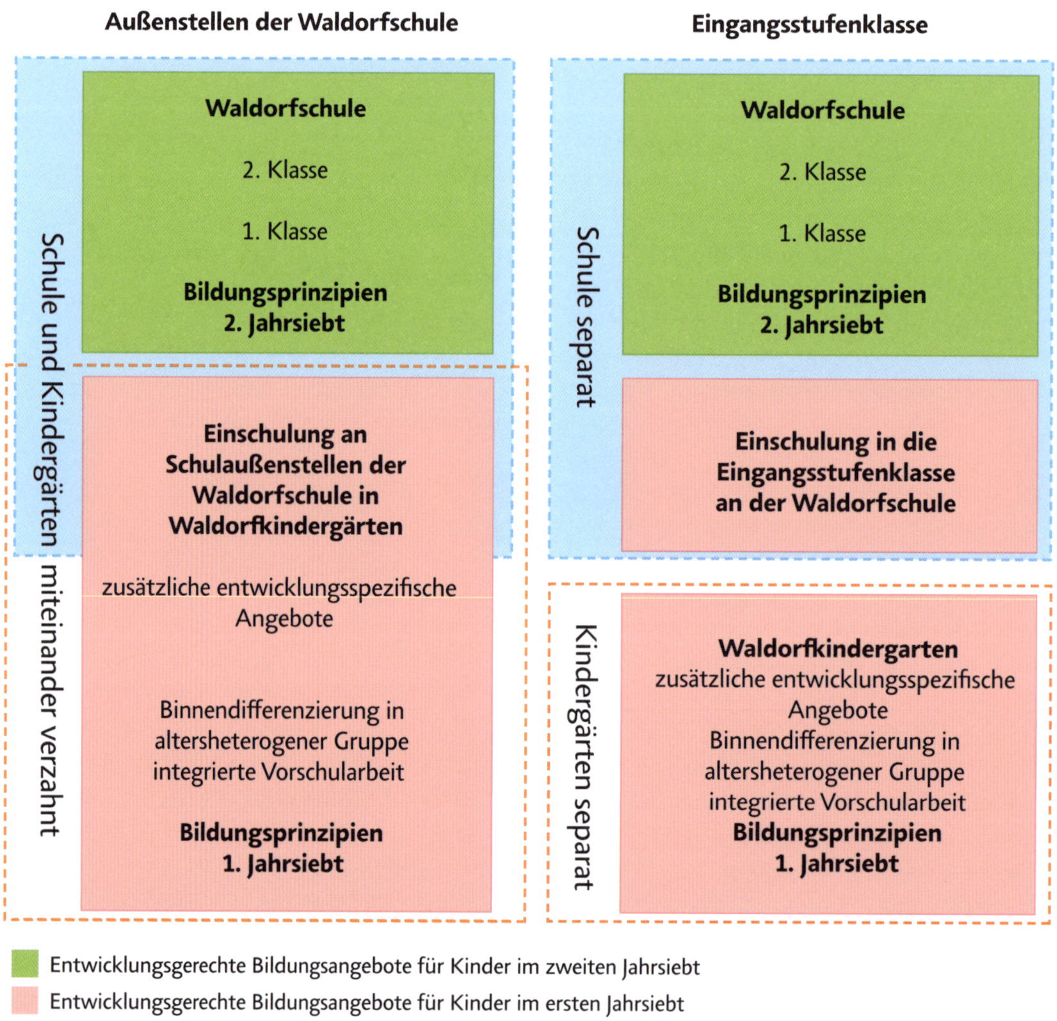

5.2.2 Konzepte der örtlichen Waldorfeinrichtungen

Um die jeweiligen Ziele der unterschiedlichen Konzepte zu dokumentieren und hinsichtlich der Kriterien für die Zielformulierungen zu evaluieren, wurden die teilnehmenden Einrichtungen zu Beginn der Evaluation um ihre Konzeptbeschreibungen gebeten.

5.2.2.1 Eingangsstufen an Schulaußenstellen

Dieses Konzept begründet die enge Verzahnung von Waldorfkindergarten und Waldorfschule mit der dadurch erreichbaren Vermeidung zweier Wechsel für die jungen Schulkinder vor dem Eintritt in die erste Klasse (5.2.1.1). Schriftlich lagen Konzepte von zwei Waldorfschulen vor.

5.2.2.2 Altershomogene Eingangsstufenklassen

Die Konzepte der Eingangsstufenklassen vor der 1. Klasse an Schulen enthielten Beschreibungen der inhaltlichen Arbeit und damit verbundene Zielsetzungen (5.2.1.2). Die Verbindung und Zusammenarbeit von Waldorfkindergarten und Waldorfschule über den formalen Rahmen hinaus – im Sinne von Kontakt der Kinder und Pädagoginnen im Alltag untereinander – waren nicht beschrieben. Schriftliche Ausführungen lagen von fünf Waldorfschulen vor.

5.2.3 Ziele der Eingangsstufen (Rahmenkonzepterhebung)

Quantität und Qualität der oben genannten Konzeptbeschreibungen (5.2.2.1 und 5.2.2.2) variierten erheblich. Um eine Übersicht über Konzepte und Ziele weiterer Einrichtungen zu erhalten und um die Auswertung zu erleichtern, wurden zusätzlich Angaben zu den Rahmenbedingungen und Zielen im Formular „Rahmenkonzept" (Herbst 2006) abgefragt und ausgewertet.

Die Hälfte der teilnehmenden Einrichtungen beteiligte sich an der Befragung: 12 Kindergartengruppen von vier Einrichtungen und deren 4 Kleinkindgruppen sowie 4 Eingangsstufenklassen.

Die Ziele wurden in zwei Kategorien abgefragt:
a) Allgemeine Ziele der Waldorfpädagogik
b) Persönliche Schwerpunkte der Pädagoginnen in der Gruppenarbeit mit den Kindern.
Es gab im „Rahmenkonzept" keine Vorgaben zu Zielen, diese sollten frei formuliert werden.

5.2.3.1 Allgemeine Ziele

(Reihenfolge nach Häufigkeit der Nennungen):
Die Kinder erleben/erfahren

- Sinnespflege, Arbeits- und Naturprozesse
- Vorbild und Nachahmung
- Pflege des sozialen Lebens
- Stärkung der Individualität des Kindes, Förderung des Selbstvertrauens und der Selbstständigkeit
- Rhythmus und Wiederholung
- Sprache
- Beziehung und Bindung pflegen
- innere Bilder anregen
- Musik
- Gesundheit
- Zusammenarbeit mit den Eltern

5.2.3.2 Persönliche Schwerpunkte und Ziele

Die Kinder erleben/erfahren

- Sinnespflege, Arbeits- und Naturprozesse
- Pflege des soziales Lebens
- Stärkung der Individualität des Kindes
- Förderung der Selbstständigkeit
- Stärkung des Selbstvertrauens
- Pflege der Sprache
- Musik
- künstlerische Angebote
- Vorbild und Nachahmung
- Beziehung und Bindung
- Schutz und Geborgenheit
- Bewegungsförderung
- Freude
- bildhaftes Erleben vermitteln
- Zusammenarbeit mit den Eltern

5.3 Beschreibung der Stichprobe

5.3.1 Waldorfeinrichtungen in Berlin

5.3.1.1 Waldorf-Kindertageseinrichtungen

Für Vorschulkinder stehen in Berlin und Brandenburg (BB) 29 Waldorf-Kindertageseinrichtungen mit 1502 Plätzen in 91 Gruppen zur Verfügung (IVW Berlin 2004).

5.3.1.2 Waldorfschulen

Zum Zeitpunkt der Evaluation gab es in Berlin 9 Waldorfschulen, darunter eine Schule mit Integrationsplätzen und eine heilpädagogische Schule, in Brandenburg 4 Waldorfschulen (Bund der Freien Waldorfschulen, Stuttgart 2006).

5.3.1.3 Schulanfänger an Waldorfschulen

Zum Schuljahr 2005/06 wurden 538 Schülerinnen und Schüler in diese Schulen eingeschult, dies waren 8,5 % aller Waldorf-Schulanfänger in Deutschland (Statistisches Bundesamt, Fachserie 11, Reihe 1: 2005/06). Aufgrund der neuen Einschulungsregelungen und der damit verbundenen Vorverlegung des Schuleintritts um 6 Monate begannen 30 % mehr Kinder in Berlin mit der Schule, in Brandenburg waren es 16,5 % mehr gegenüber dem Vorjahr (Einschulung um 3 Monate vorverlegt).

5.3.1.4 Wahl der Einschulungskonzepte

Zwei Waldorfschulen mit insgesamt neun Außenstellen entschieden sich für das Schulaußenstellenkonzept. Sechs Berliner und eine brandenburgische eröffneten eine Eingangsstufenklasse.

5.3.2 Die Stichprobe – Welche Kinder nahmen an der Evaluation teil?

In die quantitative Auswertung wurden alle Kinder einbezogen, für die zu den Untersuchungszeitpunkten t1 und t2 je ein Elternfragebogen sowie je ein Dokumentationsbogen der Erzieherinnen/Eingangsstufenlehrerinnen vorlag.

Diese Kriterien erfüllten 53 schulpflichtige Kinder aus 2 Berliner Schulen mit zusammen 9 Schulaußenstellen an Waldorfschulen mit deren 58 Kindergartenkindern (Tab. 2 und 3). Dazu kamen insgesamt 19 schulpflichtige Kinder aus drei Schulen mit Eingangsstufenklassen (zwei in Berlin, eine in Brandenburg; Tab. 4). Außerdem nahmen 11 Kindergartenkinder aus zwei Kindergärten mit Gruppen ohne „große" Kinder teil (Tab. 5).

Insgesamt waren dies 141 Kinder aus 14 Einrichtungen.

Abkürzungen

Schulpflichtige, noch nicht erstklassreife Kinder in zwei Konzepten

SchauS in Schulaußenstellen der Waldorfschulen in Waldorfkindergärten

EST in Eingangsstufenklassen an Waldorfschulen

Kindergartenkinder

SchauK in Kindergärten (mit „großen" Kindern), die Außenstellen von Schulen sind

Kiga in Kindergärten (ohne „große" Kinder), deren „große" Kinder vor der ersten Klasse in eine Eingangsstufe wechseln.

„Große" Kinder werden hier schulpflichtige, noch nicht erstklassreife Kinder genannt, die im Kindergarten mit Schulaußenstelle bleiben.

FWS Freie Waldorfschule

Tab. 2: Schulaußenstellen der Waldorfschule Berlin-Mitte

Schulaußenstellen der FWS Berlin-Mitte in Waldorfkindergärten	Plätze	Gruppen	Schulkinder (SchauS)	Kindergartenkinder (SchauK)
Prenzlauer Berg	60	4	04	03
Pankow	45	3	03	03
Wedding	31	2	04	03
Wurzelwerk	30	2	04	05
Gesamt	166	11	**15**	**14**

Tab. 3: Schulaußenstellen der Waldorfschule Berlin-Kreuzberg

Schulaußenstellen der FWS Berlin-Kreuzberg in Waldorfkindergärten	Plätze	Gruppen	Schulkinder (SchauS)	Kindergartenkinder (SchauK)
Alte Jakobstraße	82	5	06	02
Forum Kreuzberg	110	6	23	30
Hollerbusch	28	2	05	05
Munkelrübe	20	1	04	04
Lindenbaum	20	1		03
Gesamt	260	15	**38**	**44**

Tab. 4: Eingangsstufenklassenschüler/-innen

Waldorfschule	Klassengröße	Teilnehmende Kinder (EST)
Emil Molt	20	08
Südost	17	06
Cottbus	05	05
Gesamt	42	**19**

Tab. 5: Waldorfkindergärten ohne „große" Kinder (Kiga)

Waldorfkindergarten	Plätze	Gruppen	Kindergartenkinder (Kiga)
Mansfelder Str.	60	3	6
Karlshorst	40	3	5
Gesamt	100	6	**11**

5.3.2.1 Geschlecht

Von den 141 Kindern sind 60 Mädchen (43 %) und 81 Jungen (57 %). Damit sind die Jungen in der Stichprobe etwas überrepräsentiert: Die statistische Verteilung der Geschlechter der unter 10-jährigen Kinder am 31.12.2004 betrug: 49 % Mädchen und 51 % Jungen (bpb-Datenreport 2004: 37).

Abb. 4: Geschlechterverteilung in den Konzepten

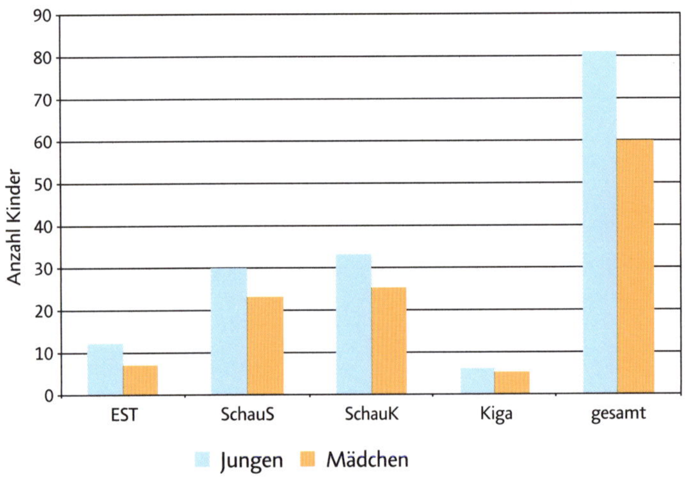

5.3.2.2 Alter

Zur Altersbestimmung wurde der Zeitraum der Untersuchung nach Einrichtung gemittelt und in der Differenz zum Geburtstag das reale Alter des Kindes zum mittleren Beobachtungszeitpunkt berechnet.

Die Eingangsstufenklassen (EST) sind erwartungsgemäß altershomogene Gruppen, während die Kindergartengruppen mit Schulaußenstellen (SchauK und SchauS) die größte Altersmischung von allen Konzepten aufweisen.

In der Gruppe der Kindergärten (Kiga) sind lediglich zwei Einrichtungen vertreten. Diese sind zufällig sehr altershomogen mit einer Altersspanne von nur gut einem Jahr, was in der Regel bei Betrachtung mehrerer Kindergärten unwahrscheinlich ist, denn hier verbringen Kinder ab dem 3. Lebensjahr bis zur Schulpflicht ihre Kindergartenzeit.

Die Altersspanne der früh eingeschulten, noch nicht erstklassreifen Kinder, SchauS und EST, müsste in der Regel gleich sein. Sie sind zwischen 5,6 bis etwas über 7 Jahre alt.

Wie Abb. 5 zeigt, dürften die an dieser Erhebung teilnehmenden Kinder aus EST die jeweils ältesten Kinder der Gruppe/Klasse sein, während die Kinder aus SchauS die gesamte Altersspanne umfassen.

Abb 5.: Spannweite des Alters der Kinder in den Konzepten

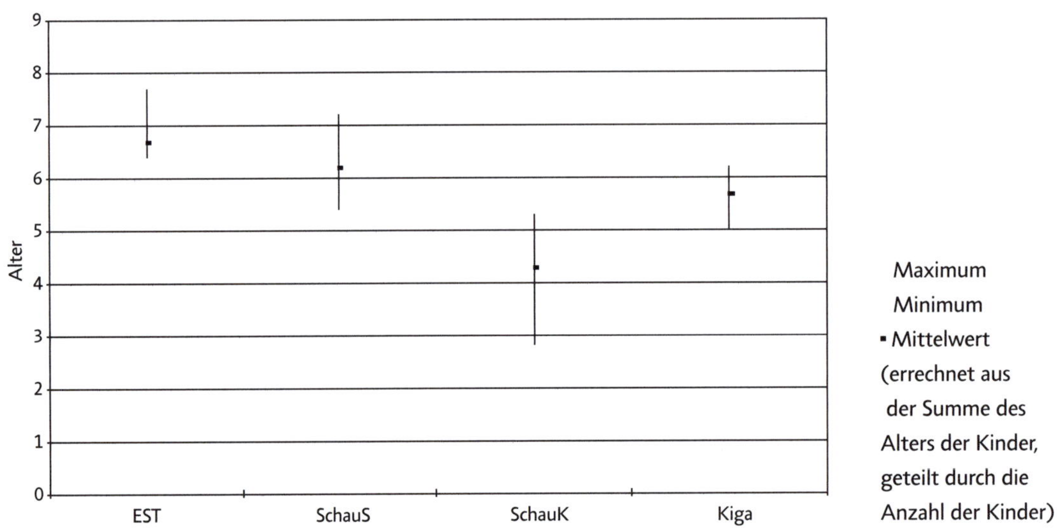

5.4 Umsetzung der Konzepte

Die Tages- und Wochenpläne verdeutlichen die inhaltliche Umsetzung der Konzepte des Waldorfkindergartens (Tab. 6) und der Eingangsstufen (Abb. 7 und Abb. 8) für früh eingeschulte noch nicht erstklassreife Kinder.

5.4.1 Waldorfkindergärten

Die Tages- und Wochenpläne der Waldorfkindergartengruppen unterschieden sich nur geringfügig voneinander. Variationen gab es kaum. Jeder Tag hat durch bestimmte wiederkehrende Aktivitäten ein typisches Gepräge im Wochenlauf. Dieser vermittelt Kindern einen Überblick über den Rhythmus und den Gang der Zeit und bietet Verlässlichkeit.

Tab.6: Beispiel eines Tages- und Wochenplans im Waldorfkindergarten für Kinder von 3 bis 7 Jahren

	Montag	Dienstag	Mittwoch	Donnerstag	Freitag
7:00	Frühbetreuung				
8:00–9:30	Ankommen Freispiel im Haus oder draußen Aufräumen				
Angebote in der Freispielzeit	Aquarellmalen	Backen	Eurythmie	Ausflug/ evtl. Tagesausflug	Putzen
9:30–10:00	**Reigen**: Tanz, Gesang, Rhythmus, Gedichte, Lieder, Gesten- und Gebärdenspiele				
10:00–10:30	**Frühstück**				
10:30–11:30	**Freispiel** im Freien				
11:30–12:00	**Märchen,** Geschichte, Puppentheater				
12:00–13:00	Mittagessen. Verschiedene Abholzeiten je nach den Bedürfnissen der Familien				
13:00–14:00	Mittagsruhe bzw. -schlaf				
14:30–15:00	Vesper				
15:00–17:00/ 18:00	Spiel in Haus und Hof				

Die altersheterogene Gruppe erhält ein entwicklungsgerechtes Bildungsangebot. Eine Binnendifferenzierung erfolgt je nach Altersstufen und individuellen Bedürfnissen der Kinder. Ein Vorschulprogramm wird integriert.

Eurythmieunterricht für Kindergartenkinder, durchgeführt von externer Eurythmistin, Erzieherinnen begleiten ihre Kindergruppe.

5.4.2 Schulaußenstelle am Waldorfkindergarten

Die Schülerinnen und Schüler an Außenstellen erlebten den Kindergartenalltag in der altersgemischten Gruppe mit seinen binnendifferenzierten Angeboten, er ist der entwicklungsgemäße Unterricht der Waldorfschule.

Einmal pro Woche hatten die Eingangsstufenkinder gesondert einen Unterrichtstag bei einer (Wander-)Lehrerin bzw. einem (Wander-)Lehrer. Die Schülerinnen und Schüler wurden aus mehreren Gruppen zusammengefasst. Sie kannten sich bereits untereinander aus der gemeinsamen Kindergartenzeit ihrer Einrichtung. Mit dem Lehrer/der Lehrerin erlebten sie außerhalb der Waldorfkindergartengruppe einen altersspezifischen Unterricht mit rhythmisch-musikalischen Spielen, Sprachpflege, fremdsprachlichen Elementen, Bewegungsspielen/Spielturnen, Naturerfahrung.

Für jeweils eine dreiwöchige Epoche im Jahr war während der Freispielzeit eine Werkwanderlehrerin in der Gruppe anwesend, die dort einer Handwerkstätigkeit nachging. Die Kinder erlebten Werkprozesse: von den Weidenruten zum Korb, von der Schafwolle zum Teppich. Sie nahmen daran teil oder sie nutzten die Impulse und wandelten sie in freie individuelle Aktivitäten um.

Über die täglichen Bildungsangebote der altersheterogenen Gruppe hinaus bestand ein Unterrichtsangebot für alle Außenstellenschülerinnen und -schüler. Kontakt mit den Eltern sowie dem Aufnahme- und Unterstufenkollegium der Waldorfschule war vorhanden. Die Kinder, die Ganztagsplätze hatten, wurden nachmittags in der gleichen Einrichtung von anderen Pädagoginnen betreut.

Tab. 7: Beispiel eines Tages- und Wochenplans einer Schulaußenstelle der Waldorfschule Berlin-Kreuzberg – Schulaußenstelle mit Wanderlehrer und Werkwanderlehrer

<table>
<tr><th>Schulaußenstellen Schülerinnen Schüler und Kindergartenkinder</th><th>Montag</th><th>Dienstag</th><th>Mittwoch</th><th>Donnerstag Kindergartenkinder</th><th>Donnerstag Eingeschulte Kinder (SchauS) Wanderlehrer</th><th>Freitag</th></tr>
<tr><td>7:00</td><td colspan="4">Frühbetreuung</td><td rowspan="2">Sammeln und Abholen der Schülerinnen</td><td rowspan="2">wie Mo–Do</td></tr>
<tr><td>8:00–9:30</td><td colspan="4">Ankommen
Spielen: Freispiel im Haus oder draußen
Aufräumen</td></tr>
<tr><td></td><td colspan="4">Werkwanderlehrerin eine Epoche (4 Wochen), tägl.</td><td>Schüler</td><td></td></tr>
<tr><td>Geplante Angebote in der Freispielzeit</td><td>Aquarell-malen</td><td>Backen</td><td>Eurythmie</td><td>Ausflug</td><td>Wanderung</td><td>Putzen</td></tr>
<tr><td>9:30–10:00</td><td colspan="4">Reigen: Tanz, Gesang, Rhythmus, Gedichte, Lieder, Gesten- und Gebärdenspiele</td><td>Rhythmisch-musikalische Spiele Geschichte</td><td>wie Mo–Do</td></tr>
<tr><td colspan="7">Fortsetzung des Tageslaufes siehe oben (5.4.1)</td></tr>
</table>

Der Donnerstag ist doppelt abgebildet, einmal für die gesamte Kindergartengruppe und einmal für die Eingangsstufenschüler/-innen, die vom Wanderlehrer abgeholt werden und mit ihm einen Ausflug o.ä. unternehmen.

Die altersheterogene Gruppe erhält ein entwicklungsgerechtes Bildungsangebot. Eine Binnendifferenzierung erfolgt je nach Altersstufen und individuellen Bedürfnissen der Kinder. Ein Vorschulprogramm wird integriert.

Zusätzliche Angebote für eingeschulte Kinder
1. Wanderlehrer der Waldorfschule bietet zusätzlichen entwicklungsgerechten Unterricht (SchauS)
2. Eine Werkwanderlehrerin richtet eine Werkstatt ein und übt ihr Handwerk in der Gruppe aus (SchauS und SchauK)
3. Eine Eurythmielehrerin erteilt Eurythmieunterricht (SchauS und SchauK)

5.4.3 Die Eingangstufenklasse (EST)

Die Grundstruktur des Tages- und Wochenplans der Waldorfkindergärten war Vorbild für das Konzept der EST-Klassen.

Die Schülerinnen und Schüler erhielten Spiel-, Lern- und Bildungsanregungen in der Freispiel- und Freiarbeitszeit. In der unten genannten Einrichtung (Tab. 8) hatte der Erzieher/Eingangsstufenlehrer in der Adventszeit eine Bienenwachskerzen-Manufaktur eingerichtet. Die Kinder hatten Einblick in die Arbeitsabläufe und konnten sich beteiligen.

Darüber hinaus boten Fachlehrerinnen oder Therapeutinnen der Waldorfschule, alternativ zum Reigenspiel, speziell für diese Altersgruppe Unterrichtsstunden an.

Lediglich eine altershomogene Eingangsstufenklasse wich in der Tagesstruktur deutlich von der einer Kindergartengruppe ab. Das Frühstück lag früh am Tag, danach ging es täglich nach draußen ins Freispiel. Die Schüler/-innen spielten und arbeiteten viel im Freien. Erlebnisse und Umgang mit Tieren wurden ermöglicht. Außerdem gab es Hengstenberg-Turnen, Sprachpflege, Fremdsprache (Französisch), regelmäßige Treffen mit anderen Kindergruppen, Bewegungsspiele/Spielturnen, rhythmisch-musikalische Angebote.

Nachmittags wurde ein Teil der Kinder im Hort von anderen Bezugspersonen und in einer neuen Gruppenzusammensetzung betreut, teilweise verbunden mit einem Ortswechsel.

Tab. 8: Beispiel eines Tages- und Wochenplans der altershomogenen Eingangstufenklasse, Emil Molt Schule

	Montag	Dienstag	Mittwoch	Donnerstag	Freitag
7:00	Frühbetreuung				
8:00–9:30 Geplante Angebote in der Freispielzeit	Ankommen Freispiel im Haus oder draußen Aufräumen				
	Aquarellmalen	Backen	Eurythmie	Ausflug	
9:30–10:00		Musik	Französisch	Bewegung	
10:00–10:30	Frühstück				
10:30–11:30	Freispiel draußen, Tierpflege				
11:30–12:00	Märchen, Geschichte				
12:00–13:00	Mittagessen. Verschiedene Abholzeiten je nach den Bedürfnissen der Familien				
13:00–14:00	Wechsel in den Schulhort				
14:30–15:00	Vesper				
15:00–17:00/ 18:00	Spiel in Haus und Hof				

Lehrerinnen der Waldorfschule und eine Eurythmistin erteilen zusätzlich entwicklungsgerechten Unterricht für die gesamte Eingangsstufenklasse.

5.5 Ergebnisse der quantitativen Erhebung

Wie ging es den Kindern nach Einführung der beiden Eingangsstufenkonzepte? Davon wird im Folgenden berichtet.

5.5.1 Aussagen der Eltern

71 % der befragten Eltern fanden die gesetzliche Vorverlegung des Einschulungsalters nicht gut und 22 % eher nicht gut. Demgegenüber stimmten nur knapp 6 % der Eltern diesem Vorhaben voll bzw. eher zu.

Was die Informiertheit anbelangt, fühlten sich 68 % der Eltern gut über das Schuleingangskonzept ihrer Einrichtung informiert, 27 % eher gut und 5 % nicht gut. Die Informationen aus den Elternfragebögen zeigten zu beiden Erhebungszeitpunkten ein konsistentes Bild. Innerhalb der kurzen Zeitspanne von 6 Monaten waren hier Veränderungen nicht zu erwarten.

5.5.1.1 Zum Freizeitverhalten

Die schulpflichtigen Kinder schauten maximal bis zu 1 Stunde pro Woche fern, die Kindergartenkinder nutzten so gut wie keine Medien. Zum zweiten Evaluationszeitpunkt war ein geringfügiger Anstieg der Mediennutzung zu verzeichnen – die Kinder waren nun ein halbes Jahr älter.

50 % der Kinder gingen keiner organisierten Freizeitbeschäftigung nach, wobei mit zunehmendem Alter die Aktivität stieg (in der Regel mehr Sport als Musik).

5.5.1.2 Zufriedenheit der Eltern

89 % der Eltern bejahten die Frage, ob sich ihr Kind in der Einrichtung wohlfühle, und 11 % gaben an, dass dies eher der Fall sei. Als Grund für den Besuch einer Waldorfeinrichtung nannten die Eltern einzeln am häufigsten die Pädagogik und bei Mehrfachnennung die Pädagogik und die Nähe der Einrichtung zum Elternhaus.

5.5.1.3 Gesundheitliche Situation der Kinder

Hier machten die Eltern folgende Angaben:

- 28 % der Kinder hatten bereits Unfälle/ Operationen
- 15 % leiden/litten an einer chronischen Erkrankung
- 35 % zeigen/zeigten Besonderheiten in ihrer Entwicklung.

Für gut ein Drittel der Kinder also beschrieben die Eltern zum Zeitpunkt der Befragungen entwicklungsbedingte Besonderheiten bzw. Auffälligkeiten. Dies entspricht in etwa den bundesdeutschen Erhebungen zur Gesundheit von Kindern (DESTATIS 2006). Die folgende Grafik zeigt, wie sich die Besonderheiten auf die verschiedenen Bereiche verteilten.

Abb. 6: Besonderheiten in der Entwicklung

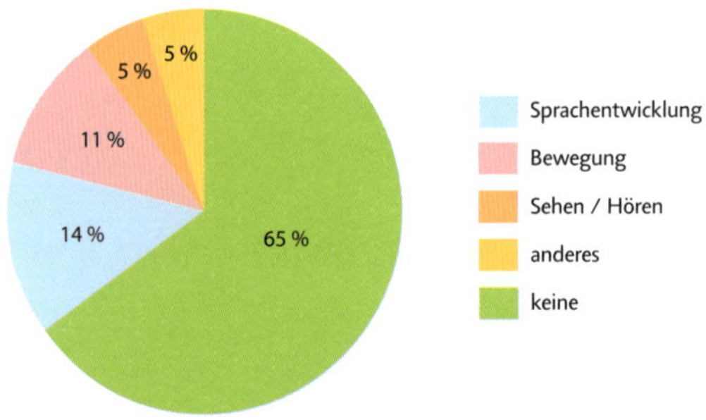

30 % der Kinder waren in therapeutischer Behandlung (davon 20 % in mehr als einer Therapie).

Abb. 7: Elternangaben zu Therapien ihrer Kinder

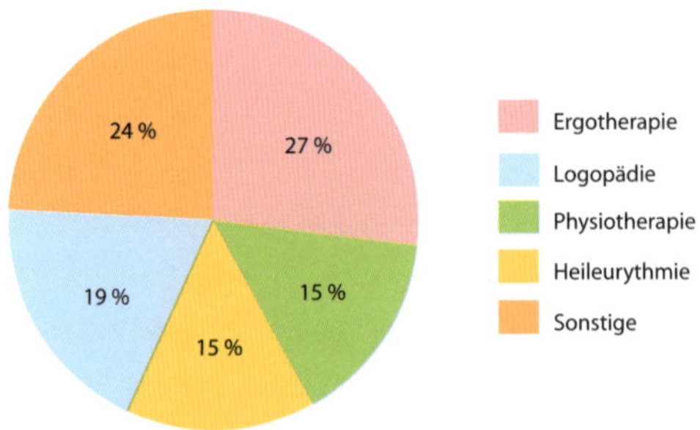

Zusätzlich ergab sich aus den Angaben der Eltern: Nur einzelne Kinder klagten manchmal über Befindlichkeitsstörungen wie Übelkeit, Bauch- und Kopfschmerzen. Die Anzahl der Kinder mit Problemen beim Ein- und/oder Durchschlafen war sehr gering.

5.5.2 Beobachtungen der Erzieherinnen (quantitative Datenauswertung)

Die Einschätzung der Kinder durch die Erzieherinnen war allgemein sehr positiv. Zu Besonderheiten und Auffälligkeiten wurden Beschreibungen im Text den Eintragungen im System des Fragebogens vorgezogen. Deutlich kam die grundsätzlich wertschätzende Haltung der Erzieherinnen dem Kind gegenüber zum Ausdruck.

5.5.2.1 Nachahmung, Spiel, Motorik, Sprache und Aufmerksamkeit

Nach den Untersuchungsbereichen ergaben sich folgende signifikante Aussagen der Erzieherinnen:

- Die Bereiche Nachahmung und Spielverhalten wurden bei den Jungen in allen Konzepten am wenigsten hoch eingeschätzt.
- Schulkinder der Schulaußenstellen und die Kinder im Kindergarten wurden in allen beobachteten Bereichen (Nachahmung, Spielverhalten, Motorik, Sprachverhalten, Aufmerksamkeit) am höchsten eingeschätzt.
- Die Kinder der Eingangsstufenklassen wurden erst zum zweiten Erhebungszeitpunkt am höchsten eingeschätzt.
- Jungen und Mädchen verhielten sich unterschiedlich gegenüber den Angeboten im Tageslauf.

Neben der hohen Ausprägung der Einschätzungen insgesamt fällt auf, dass die Ausprägungen bei der Nachahmung bei den Mädchen in allen Konzepten um ein Skalenniveau höher ausfielen als bei den Jungen. In der Tendenz war die Einschätzung der Mädchen positiver als die der Jungen.

Die Kindergartenkinder der Schulaußenstelle schnitten in fast allen Items am wenigsten hoch ab.

Ein Blick auf die Einschätzungen der Schulkinder nach Konzepten:

Abb. 8 und 9 zeigen den Medianvergleich t1 und t2 nach Untersuchungsbereichen für **Schulkinder in Schulaußenstellen.**

Der Median (auch Zentralwert genannt) ist ein statistischer Kennwert für Beurteilungsskalen. Er liegt in der Mitte aller beobachteten Werte, die auf- oder absteigend sortiert sind, und wird höchstens von der Hälfte aller Werte unterschritten und von höchstens der Hälfte aller Werte überschritten.

Die Abbildungen zeigen die Einschätzungen der Kinder in Schulaußenstellen durch Pädagoginnen. Diese Einschätzungen unterscheiden sich zu den beiden Erhebungszeitpunkten nicht. Nachahmung und Spielverhalten sind bei den Mädchen auf höchstem Niveau (3), bei den Jungen dagegen nur auf zweithöchstem Niveau (2). Motorik, Sprachverhalten und Aufmerksamkeit wurden für beide Geschlechter zu beiden Zeitpunkten am höchsten eingeschätzt.

Abb. 8: Medienvergleich nach Untersuchungsbereichen: Jungen (SchauS)

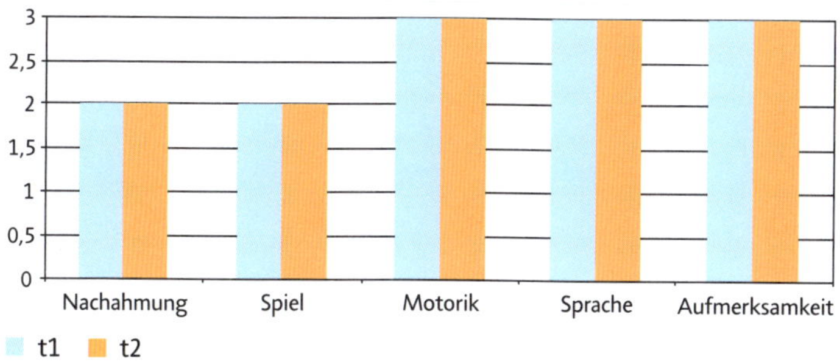

Abb. 9: Medienvergleich nach Untersuchungsbereichen: Mädchen (SchauS)

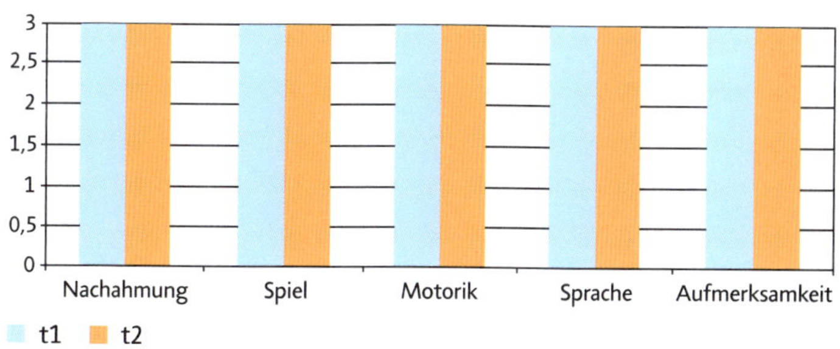

Abb. 10: Medienvergleich nach Untersuchungsbereichen: Jungen (EST)

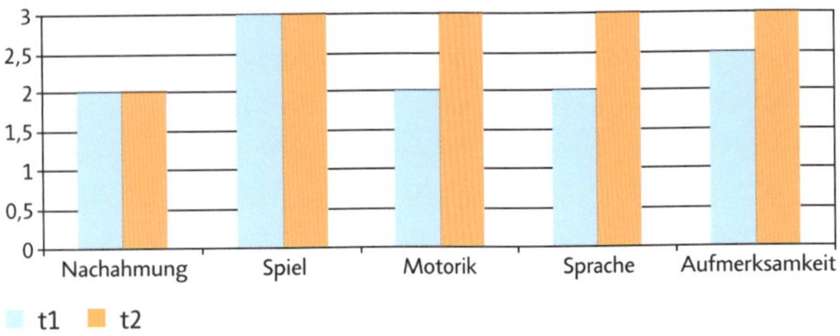

Abb. 11: Medienvergleich nach Untersuchungsbereichen: Mädchen (EST)

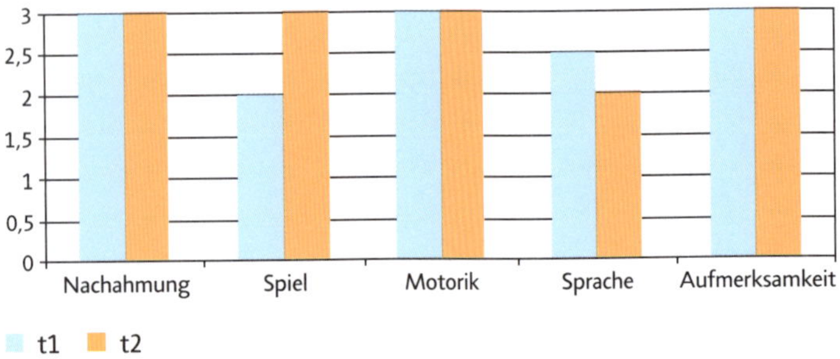

Anders verhält es sich bei den **Schulkindern der Eingangsstufenklassen**:
Abb. 10 und 11 stellen den Medianvergleich t1 und t2 nach Untersuchungsbereichen für die Kinder in Eingangsstufenklassen dar.

Im Bereich der Nachahmung sind die Einschätzungen der Pädagoginnen zu beiden Zeitpunkten identisch. Deutlich sichtbar wird, dass die Einschätzung der Kinder in den beobachteten Bereichen Motorik, Sprache und Aufmerksamkeit bei den Jungen und im Spielverhalten bei den Mädchen erst zum Zeitpunkt der zweiten Erhebung zur höchsten Ausprägung tendiert. Im Bereich Sprache bei den Mädchen fielen die Einschätzungen sogar leicht unter das Anfangsniveau zurück.

Kindergartenkinder an Schulaußenstellen

Weiterhin zeigte sich, dass die jüngeren Kindergartenkinder der Schulaußenstellen sowohl zum ersten als auch zum zweiten Erhebungszeitpunkt in den beobachteten Items von den Erzieherinnen um ein Skalenniveau niedriger eingeschätzt wurden als die älteren Kinder.

5.5.2.2 Wohlbefinden und Unbehagen

Die Einschätzungen zum Wohlbefinden (fröhlich, voller Tatendrang, voller Interesse, zufrieden) variierten zu den beiden Untersuchungszeitpunkten nur leicht.

Die Einschätzungen zum Unbehagen waren zu beiden Erhebungszeitpunkten nahezu konstant. Die Einschätzungen wurden mit 8 Items abgefragt, wobei die leiblichen (müde und schlapp, angestrengt, blass, nervös und zappelig) und die seelischen (missmutig, unausgeglichen, ängstlich, aggressiv) zusammengefasst wurden.

Aus Erzieherinnensicht ging es den Kindern in der Schuleingangsklasse zum zweiten Erhebungszeitpunkt besser als zum ersten. Bei den Eltern zeigte die Tendenz hinsichtlich des Wohlbefindens ihrer Kinder eher in die entgegengesetzte Richtung.

5.5.3 Zusammenfassung

Die Auswertung der Fragebögen und Beobachtungsbögen zeigte, dass für Kinder der Schulaußenstellen kontinuierlichere Werte in den Ausprägungen der Entwicklungsbereiche angegeben wurden. Kinder der Eingangsstufenklassen erreichten diesen Stand erst ein halbes Jahr später. Dieses Ergebnis wurde zum Anlass genommen, im Rahmen der Evaluation das Thema Übergang näher zu untersuchen und zu analysieren.

Entsprechende theoretische Grundlagen wurden hinzugezogen (Transitionsforschung 3.2.3) und die Untersuchung in ihrem Fortgang um weitere qualitative Untersuchungen/Erhebungen erweitert (Einzelfallanalysen).

Abb. 12: Übergänge in den beiden Eingangsstufenkonzepten

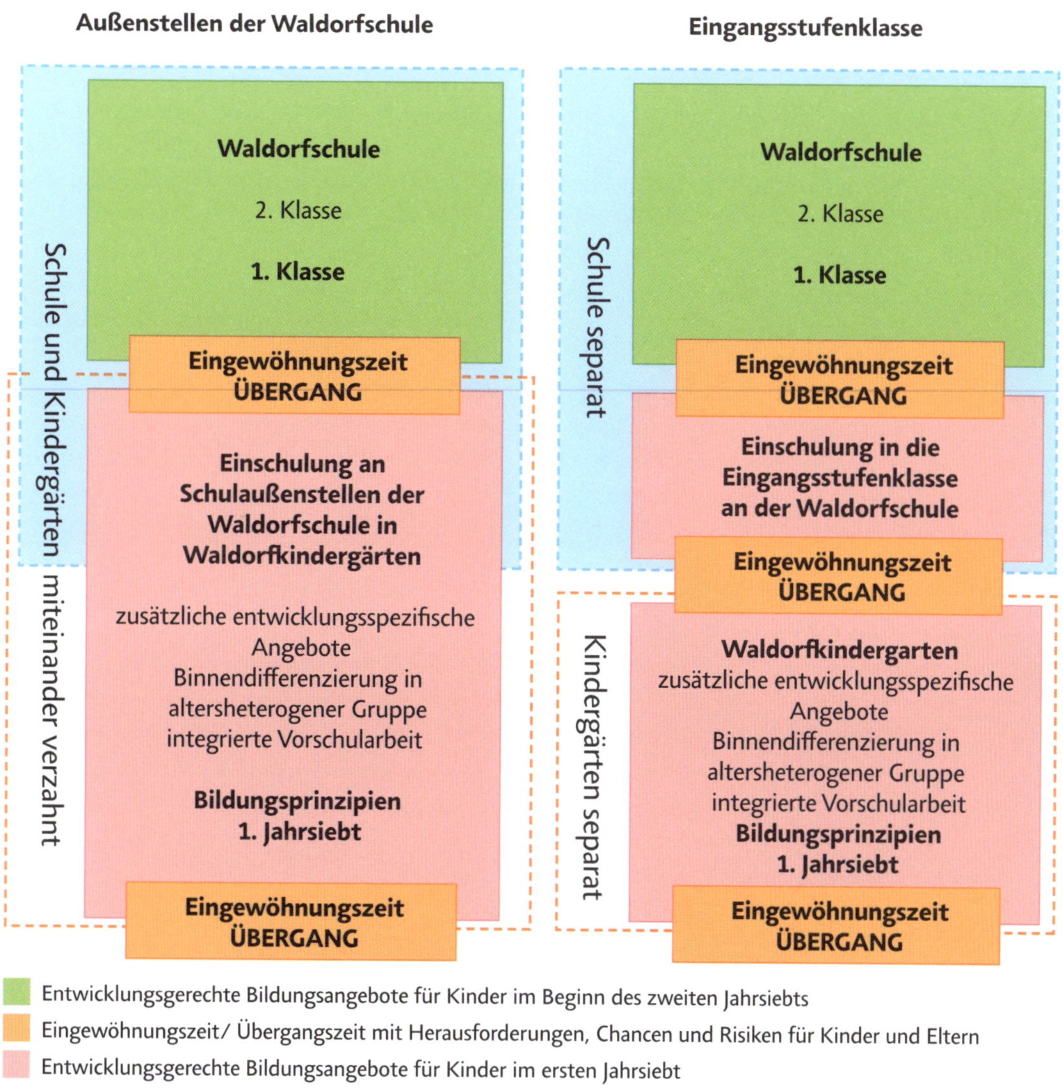

5.6 Ergebnisse der qualitativen Erhebung

5.6.1 Ergebnisse der Interviews mit Eingangsstufenpädagog(inn)en – Erste Erfahrungen mit früh eingeschulten Kindern vor der ersten Klasse

Drei Eingangsstufenlehrer und eine Eingangsstufenlehrerin schilderten in den Interviews ihre Erfahrungen mit den früh eingeschulten Kindern.

Die Ergebnisse bezogen sich auf die Beobachtungen in zwei altershomogenen Eingangsstufenklassen und zwei Schulaußenstellen am Waldorfkindergarten. In wesentlichen Merkmalen stimmten sie überein. Unabhängig vom Konzept konnte daher Folgendes zusammengefasst werden.

5.6.1.1 Prinzipien des ersten Jahrsiebts

Alle befragten Pädagog(inn)en hatten sich vorgenommen, auf Grundlage der Waldorfpädagogik für das erste Jahrsiebt zu arbeiten. Sie begannen ihre Arbeit mit der Fragehaltung: Was brauchen Kinder, die schulpflichtig, aber noch nicht erstklassreif sind? Sie wollten die Bedürfnisse der Kinder kennenlernen und Hinweise für die praktische Arbeit davon ableiten. Die Ergebnisse ihrer Beobachtungen lauteten:

Vieles, was Erstklässler auszeichnet, hatten die Eingangsstufenkinder noch nicht. Mit noch größerer Offenheit gingen sie auf alles zu. Im Lauschen waren sie voller Hingabe. Die Befragten nahmen wahr, dass sie als Vorbild auf die Kinder wirkten. Deren Nachahmungsbedürfnis allem gegenüber, was der Erwachsene vormachte, war ausgeprägter als bei Erstklässlern. Die befragten Erzieher/-innen nahmen deutlich wahr, dass sie als Vorbild auf die Kinder wirkten und sich bewusst dementsprechend verhalten müssten. Sie bemerkten, dass es günstig ist, seiner Arbeit ruhig nachzugehen und für eine gute Stimmung und Atmosphäre zu sorgen. Kinder werden angeregt durch Handlungen der Erwachsenen, noch nicht über das Wort in dem Maße, wie es in der ersten Klasse der Fall ist, und noch nicht über Anweisungen.

5.6.1.2 Freies Spiel

Das Grundbedürfnis dieser Kinder war das freie Spiel. Mit großer Spielfreude setzten sie ihre Ideen um. Sie waren mit der Organisation immer neuer Spielabläufe beschäftigt. Bei geselligen und Geschicklichkeitsspielen liebten sie immer wiederkehrende, jedoch variantenreiche Abläufe. Dabei setzten sie sich im Sozialen permanent in der Gruppe auseinander und trafen untereinander ihre Regelungen selbst. Gleichzeitig mochten die Kinder noch nichts allein vormachen, obgleich die Fähigkeiten vorhanden und in der Gruppe beim gemeinsamen Tun deutlich wahrnehmbar waren.

5.6.1.3 Arbeitsprozesse

Die wesentlichen Kriterien für die Art des Lernens vor der Erstklassreife sind Freude und Begeisterung für Handlungen. Die Kinder arbeiteten gern und viel und waren voller Schaffenskraft. Sinnvolle Arbeitsprozesse erleben, das wurde von den Pädagogen als die ideale Lernform erkannt. Sie ermöglichten das Erleben und Mithelfen bei durchschaubaren Arbeiten. Die Freiwilligkeit musste dabei gegeben sein.

5.6.1.4 Therapiebedarf

Ein Teil der Kinder benötigte therapeutische Unterstützung für ihre Entwicklung, jedoch sollten die Förderelemente nicht isoliert, sondern in sinnvolle lebensvolle Prozesse des Alltags eingebunden werden durch Tätigkeiten, welche die Kinder im umfassenden Sinne durchwärmen.

5.6.1.5 Rahmenbedingungen

In der Arbeit mit den früh eingeschulten Schülerinnen und Schülern sahen die Pädagogen die Verbindung zum Kindergarten und zu jüngeren Kindern als für die Kinder pädagogisch wichtiger an als die zu Schulkindern. Eine kollegiale Zusammenarbeit wurde sowohl mit Kindergärten als auch mit Schulen gewünscht.

Insgesamt hielten die betreffenden Pädagogen eine Verbesserung der Rahmenbedingungen in folgenden Bereichen für notwendig: Personalschlüssel, Arbeitsbelastung, Kollegiumsarbeit und Fortbildung sowie Räume und Ausstattung.

5.6.2 Ergebnisse der Interviews mit Erzieherinnen – Auswirkungen der Früheinschulung auf Waldorfkindergärten ohne „große" Kinder

„Ohne große Kinder" bedeutet hier: ohne Kinder, die vor Einführung der Früheinschulung im Waldorfkindergarten geblieben wären und nun in Eingangsstufenklassen gewechselt sind.

Die Auswertung von sechs Leitfadeninterviews mit 8 Erzieherinnen zeigte deutlich veränderte pädagogische Aufgabenstellungen in Kindergärten ohne integrierte Schulaußenstelle aufgrund der Früheinschulung und der Aufnahme jüngerer Kinder (teilweise unter dreijähriger).

Die pädagogische Arbeit bedurfte eines erhöhten Pflegeanteils für jüngere Kinder bei gleichbleibender Gruppengröße und unverändertem Personalschlüssel.

Als Effekt der Früheinschulung mit neuen Gruppenkonstellationen (Alterspanne etwa 2 ½ bis 6 Jahre in Gruppen von 18–20 Kindern) erlebten die Erzieherinnen in ihren Gruppen eine deutlich für alle Betroffenen nachteilige Veränderung des Bildungsangebotes und der Sozialisation der Kinder. Sie stellten fest:

Es fehlte das anregende Spielniveau der älteren (jetzt bereits eingeschulten) Kinder für die gesamte Kindergruppe. Die Erzieherinnen veränderten ihre Vorbildrolle als Handwerkerinnen und Hauswirtschafterinnen deutlich hin zu Kleinkindpflegerinnen, die oftmals keine Hand mehr frei hatten, und als Ansprechpartnerinnen für die größeren Kinder weniger zur Verfügung standen.

Die unausweichliche Anforderung, mit den Jüngsten in eine engere Beziehung zu treten und deren Versorgung zu sichern, wirkte sich auf die älteren Kinder nachteilig aus.

Die für den Waldorfkindergarten typischen Kulturangebote wurden hauptsächlich an die Bedürfnisse der jüngsten Kinder angepasst, teilweise entfielen sie.

Genannt wurden folgende Beobachtungen:

- Reigen waren kürzer
- für einen Inhalt wurde mehr Zeit benötigt
- verträumterer Charakter
- langsames Tempo
- weniger und kürzere Märchen
- an jüngere Kinder angepasster Tagesrhythmus

Die Erzieherinnen erkannten, dass sie unter den derzeit gegebenen Umständen weder den Kleinen noch den Großen in der Kindergartengruppe gerecht wurden.

5.7 Einzelfallanalysen – Erfahrungen in der ersten Klasse

Ziel war es, die Übergänge einzelner Kinder in die erste Klasse differenzierter zu betrachten.

5.7.1 Teilnehmende Beobachtungen in der ersten Klasse

Beobachtet wurden 15 Kinder: 8 Kinder waren von Schulaußenstellen in Waldorfkindergärten (SchauS) und 7 Kinder aus einer Eingangsstufenklasse (EST) in die erste Klasse der Waldorfschule gewechselt.

Die Hospitationen fanden kurz nach den Herbstferien jeweils während der Hauptunterrichtszeiten (8.00–9.30) in der Klasse und der sich anschließenden Pausen auf dem Schulhof statt. Die Kinder waren im August in die erste Klasse aufgenommen worden. Der Zeitpunkt der Beobachtungen kann vermutlich noch zur Übergangs- und Eingewöhnungszeit der Kinder gezählt werden. Die Ergebnisse der Beobachtungen wurden jeweils durch ein Nachgespräch der Beobachterin mit den jeweiligen Pädagoginnen überprüft (4.4.5). Die Einzelfälle stellten keinen repräsentativen Querschnitt dar. Eine Häufung von Kindern mit besonderen Bedürfnissen fiel auf. Möglicherweise waren solche Kinder deshalb relativ zahlreich in den Blick geraten, weil sich ihre Eltern aus Sorge besonders zuverlässig an den Befragungen beteiligt hatten.

5.7.2 Ergebnisse der teilnehmenden Beobachtungen und Triangulation der Beobachtungsergebnisse der quantitativen Erhebung

Einbezogen wurden die Beobachtungsergebnisse der Erzieherinnen und Eltern der vorausgegangenen Befragungen (t1 und t2). Die aktuellen Beobachtungen der Klassenlehrer und Klassenlehrerinnen sowie einer Hortnerin wurden durch Fragebögen ermittelt und einbezogen (t3). Für diese wurden die Beobachtungsbereiche aus t1 und t2 beibehalten, soweit das in einer Schulklasse möglich ist. Sie dienten ebenfalls als Leitfaden für die teilnehmenden Beobachtungen. Darüber hinaus richteten die Beobachter ihre Aufmerksamkeit bei den betreffenden Kindern auf Folgendes:

- Wie nimmt das Kind am Unterricht teil?
- Welche allgemeine Vitalität zeigt es?
- Äußert das Kind Interesse?
- Wie engagiert es sich?
- Wie bewältigt es die Anforderungen?

5.7.3 Einzelfälle

Im Folgenden verdeutlichen sechs von insgesamt 15 Einzelfällen exemplarisch die Situation der Kinder im Übergang von der Eingangsstufe in die erste Klasse. Ein Bild entsteht anhand der zusammengefassten Ergebnisse aus den Fragebögen der Eltern, den Beobachtungsbögen der Erzieherinnen und Eingangsstufenlehrer/-innen ggf. den Beobachtungen der Hortnerin sowie aus den Wahrnehmungen in den ersten Klassen. Für die Kinder wurden geschlechtsspezifische Decknamen gewählt.

5.7.3.1 Tobias (SchauS)

war 6 Jahre 10 Monate alt.

Eltern

Seine Eltern beschrieben Tobias als einen rundum gesunden, fröhlichen Jungen. Er ging zu Beginn des Einschulungsjahres nicht so freudig in den Kindergarten, nahm aber sehr gerne an den Aktivitäten der Wanderlehrerin teil. Käme sie sonntags, so ginge er auch dann in den Kindergarten, äußerte er. Besonderheiten in der Entwicklung nannten die Eltern nicht. Als Veränderungen an ihrem Kind registrierten sie zu Beginn des Einschulungsjahres am Waldorfkindergarten, dass ihr Kind eher blass war und zu Hause sich manchmal aggressiv zeigte.

Erzieherinnen und Eingangsstufenlehrer/-innen

Während der Außenstellenzeit erlebten die Erzieherinnen Tobias zur ersten Erhebungszeit gelegentlich müde und schlapp, in der zweiten Erhebungszeit nicht mehr. In der Außenstelle am Kindergarten fühlte sich Tobias wohl. Er war ein stets fröhliches Kind und rundum gesund. Seine gelegentliche Aggressivität verminderte sich gegenüber der ersten Erhebung, er wurde ausgeglichener. In allen Entwicklungsbereichen wählten die Erzieherinnen die höchsten Einschätzungen für Tobias, lediglich seine Artikulation wies eine niedrigere Ausprägung auf.

In der ersten Klasse

Tobias orientierte sich während der Hospitationszeit an den Erwachsenen und folgte fast durchgängig dem Unterrichtsgeschehen. Er fühlte sich in der Klasse wohl. Auf Übungen im rhythmischen Teil ließ er sich gut ein. Rechts und Links beherrschte er sicher, die Koordination gelang ihm ohne Probleme. Beim Abmalen schaute er sich zunächst eine Zeit lang in der Klasse um, schließlich machte er sich an die Arbeit und hatte dann ein schönes, ihn selbst zufriedenstellendes Bild im Heft.

5.7.3.2 Juri (EST)

war 7 Jahre 1 Monat alt.

Eltern

Laut Beschreibung der Eltern war Juri wegen sensomotorischer Integrationsstörungen seit Lebensbeginn in therapeutischer Behandlung. Aus ihrer Sicht überwog im Allgemeinen sein Wohlbefinden deutlich das Unbehagen.

Erzieherinnen und Eingangsstufenlehrer/-innen

In seinem eigenen Spiel schien Juri ganz aufzugehen. Auf die vom Eingangsstufenerzieher angeleiteten Spiele und das gemeinsame Singen ließ er sich nicht gerne ein. Motorische Unsicherheit blieb als erkennbare Problematik für den Jungen während aller Erhebungszeitpunkte bestehen, wobei im feinmotorischen Bereich seine Geschicklichkeit zunahm.

Seine Artikulation war undeutlich, Grammatik und Wortschatz erweiterten sich. Im Laufe des Jahres nahm seine Freude sich mitzuteilen und zu erzählen etwas ab. Juri fühlte sich überwiegend wohl, zuweilen schien er aggressiv, wirkte angestrengt und war blass.

In der ersten Klasse

Juri ging im rhythmischen Teil im Kreisstrom mit. An den Bewegungsspielen beteiligte er sich rasch, leichtfüßig, jedoch kaum zielgerichtet im Sinne des Rhythmus und der Texte, die zu hören waren. Fast durchgängig rückwärts zur hinteren Bankreihe gewendet verbrachte er im Gespräch mit Klassenkameraden die Unterrichtszeit.

Hortnerin

Als typisch für ihn schilderte die Hortnerin sein Temperament und seine Wutausbrüche. Bei den Mahlzeiten verhielt er sich ruhig. Die Hortnerin bezeichnete Juri als erstklassreifes Kind.

5.7.3.3 Lukas (SchauS)

war 6 Jahre und 7 Monate alt.

Eltern

Lukas fühlte sich nach Aussagen der Eltern in der Außenstelle am Waldorfkindergarten wohl. Seine Entwicklung beschrieben sie als allgemein retardiert, insbesondere seine Sprachentwicklung war verzögert. Gesundheitlich war er wenig stabil, oft war er fröhlich. Im ersten Halbjahr der Untersuchung, schrieben die Eltern, sei er zu Hause gelegentlich aggressiv gewesen, im zweiten weniger.

Erzieherinnen und Eingangsstufenlehrer/-innen

Die Erzieherinnen erlebten Lukas als eingeschultes Außenstellenkind im Kindergarten eher fröhlich. Grob- und Feinmotorik beschrieben sie als gut entwickelt. Sie bemerkten, dass er vieles nicht mitmachte (griff Anregungen aus der Umgebung nicht auf). Lukas' Artikulation wurde im zweiten Halbjahr im Vergleich zum ersten deutlicher.

In der ersten Klasse

Sogleich nach seiner Ankunft in die Klasse lag Lukas mit seinem Oberkörper auf der Bank. Er schien müde, Vorgänge in der Klasse erregten seine Aufmerksamkeit anscheinend kaum. Beim Kreisspiel gelang es Lukas nicht in den Rhythmus zu kommen, er ging seitlich statt rückwärts. Nach einer halben Stunde schien er für eine kurze Zeit „angekommen" oder „aufgewacht" zu sein. Spruch und Gebärden machte er nicht mit.

Nach etwa der Hälfte der ca. 90-minütigen Unterrichtszeit lag Lukas' Kopf auf seinen verschränkten Armen, die auf dem Tisch auflagen; eine ganze Reihe anderer Kinder verhielt sich ebenso. Diese „Ruhephase" dauerte etwas mehr als 5 Minuten. Sein Interesse für den Banknachbarn, der einige interessante Spielsachen aus der Hosentasche beförderte (Spielzeughandy u.ä.), war ebenso groß wie für den Unterricht.

Beim Malen der 8 in einem Strich schien er sehr konzentriert. Später wurde ein Bild gemalt: Unterstützt durch starke Mund- und Zungenbewegung malte er feine, zierliche, sorgsam ausgestaltete kleine Schäfchen. Er lauschte der Geschichte mit geschlossenen Augen.

5.7.3.4 Isabel (EST)

war 6 Jahre 10 Monate alt.

Eltern

Isabel zeigte sich zu Beginn der Eingangsstufenzeit fröhlich, später wirkte sie zurückgezogener; häufiger trat Kopfweh auf. Gegenüber der ersten Zeit ließ ihr Tatendrang nach. Isabels Interesse stieg etwas an, zum zweiten Zeitpunkt schien sie etwas öfter nervös und zappelig. Die Aussagen der Eltern zu ihrer Gesundheit blieben annähernd gleich.

Erzieherinnen und Eingangsstufenlehrer/-innen

Die Beobachtungen des Eingangsstufenlehrers lagen zu Beginn hauptsächlich in der zweithöchsten Ausprägung, wenige darunter. Die motorische Sicherheit wuchs. In fast allen Bereichen wurde dann die höchste Ausprägung erreicht. Der Lehrer beschrieb das Kind als unentwegt gesprächig.

In der ersten Klasse

Während des Unterrichtsbesuchs machte Isabel alles mit, wozu die Kinder aufgefordert wurden. Als eines der ersten Kinder ermüdete sie, sie schwang sich immer wieder zum Mittun auf, zeigte sich aber rasch wieder erschöpft.

Hortnerin

In der Schule und im Hort zeigte sich das Kind zurückhaltend, die Geschicklichkeit und Gewandtheit waren noch nicht so hoch ausgeprägt wie bei gleichaltrigen Mädchen. Emsiges Üben zählte laut Aussage der Hortnerin zu den Stärken des Kindes. Artikulation, ausdauerndes Einbeinhüpfen und der Heftübertrag bereiteten noch Schwierigkeiten. Isabel liebte Rollenspiele, die sie gerne anführte, dazu brachte sie initiativ Spielideen ein.

5.7.3.5 Dominik (EST)

war 6 Jahre 4 Monate alt.

Eltern

Dominiks Eltern schrieben zur Gesundheit ihres Sohnes, seine Sehkraft sei vermindert (40 %), seine Bewegungs- und Sprachentwicklung verzögert. Gelegentlich trat Pseudokrupp auf.

Nach dem Eintritt in die Eingangsstufenklasse nahmen die Eltern wahr, dass ihm das Einschlafen häufiger Probleme machte, dafür schlief er besser durch als im Halbjahr zuvor. Sein Appetit verschlechterte sich, oft klagte er über Bauchweh. Müde und angestrengt wirkte er manchmal, oft nervös, zappelig und ängstlich sowie gelegentlich aggressiv, dabei schien er fast immer, im zweiten Halbjahr oft zufrieden. Die Eltern wünschten sich eine geringere Klassenstärke.

Erzieherinnen und Eingangsstufenlehrer/-innen

In der Anfangszeit schien sich Dominik gerne auf die Anregungen der Eingangsklasse einzulassen. Im Laufe der Zeit nahm seine Offenheit kontinuierlich ab, er zog sich von der Teilnahme an den allgemeinen Angeboten zurück. Lediglich ins Spiel mit den bereitgestellten Materialien fand er gelegentlich. Die große Unruhe, die von ihm ausging, breitete sich in seinem Umfeld in der Eingangsstufenklasse aus. Im Sozialen wirkte er ungestüm. Seine grobmotorischen Fähigkeiten entwickelten sich noch nicht altersgemäß, im Feinmotorischen nahm seine Geschicklichkeit etwas zu. Wahrnehmungs- und Koordinationsschwächen zeigten sich sehr deutlich. Seine sprachlichen Fähigkeiten verbesserten sich, wobei er sich allgemein nicht gern sprachlich äußerte.

Während er zu Beginn der Eingangsstufenzeit fröhlich wirkte, verlor sich dies bis zum zweiten Halbjahr und er wirkte missmutig, er fühlte sich nicht wohl in seiner Haut.

In der ersten Klasse

Dominik hatte es schwer die Kreisspiele mitzumachen und die damit verbundenen Abläufe, Bewegungen und Gebärden aufzugreifen. Beispielsweise einen Richtungswechsel der Gruppe im Raum bemerkte er nicht oder erst sehr spät. Fast permanent befand sich Dominik während des Arbeitsteils in Bewegung. Dabei begleitete er alles Tun mit Geräuschen. Während des Märchens holte er sich selbstständig ein Kissen, um in einer bequemen Position zur Ruhe zu kommen. Seine Aussprache war deutlich.

Hortnerin
Sie beschrieb Dominik als ein Kind, das nicht stillsitzen konnte und durchgehend unruhig schien. Irgendwie schlängelte er sich durch, er wirkte noch recht unreif, wurde leicht ungehalten, wenn ihm etwas nicht gelang. Er suchte körperliche Nähe. Mit Jungen kämpfte er gern. Dabei war er leicht in Tränen aufgelöst, wenn er sich unterlegen fühlte. Seine Geschicklichkeit nahm zu, er lernte Fingerstricken und malte auch gelegentlich. Bei geselligen Spielen machte er nicht gern mit. Bei solchen Anlässen rannte er herum. Nach Ansicht der Hortnerin benötigte Dominik Verlässlichkeit durch erwachsene Bezugspersonen in seiner Umgebung.

5.7.3.6 Justus (EST)
war 7 Jahre alt.

Eltern
Therapie- und Fördermaßnahmen unterstützten von Lebensbeginn an die Entwicklung des Kindes. Vom ersten zum zweiten Halbjahr der Eingangsstufenzeit traten laut Elternbogen Veränderungen in folgenden Bereichen ein: Justus schien weniger nervös und zappelig und zeigte sich vermehrt aggressiv und ängstlich.

Erzieherinnen und Eingangsstufenlehrer/-innen
In das Leben der Eingangsstufe fand Justus sich zunächst schwer hinein, er zog sich gerne zurück. Zum zweiten Zeitpunkt der Befragung trat eine leichte Verbesserung ein, er zeigte sich etwas offener. Deutlich erkennbar war seine motorische Unreife, die sich später ebenfalls ein wenig verbesserte. Durchgängig fand Justus schwer Zugang zu Abläufen und Angeboten der Eingangsstufe. Der Eingangsstufenlehrer gab an, Justus habe sich gewünscht, noch ein weiteres Jahr in der Eingangsstufenklasse zu verbleiben.

In der ersten Klasse
Während der Hospitation stieg Justus nur schwer in die Bewegungen des rhythmischen Teils ein. Er war offenbar nicht „im Bilde“ bei Rhythmen, Reimen und Liedern. Beim Bewegen im Kreis bemerkte er Richtungswechsel nicht. Deutlich machte sich bei ihm bei Einführung der Buchstaben Ermüdung bemerkbar. Es fiel ihm sehr schwer Fingerübungen nachzuahmen.

Hortnerin
Die Hortnerin beschrieb Justus zum Zeitpunkt des Eintritts in die erste Klasse als unsicher und noch nicht schulreif, sie registrierte ein Verhalten, das sie als trotzig beschrieb. Er konnte sich nicht einfügen und nicht folgen. Anforderungen wurde er nicht gerecht. Im Sozialen zeigte sich seine Unreife, anderen Kindern begegnete er aggressiv. Die altersgerechte motorische Geschicklichkeit fehlte noch, jedoch übte Justus gern. Er war ein fröhliches Kind.

5.7.4 Allgemeine Beobachtungen

Ein Phänomen in allen vier besuchten Klassen: Nach 40 Minuten Hauptunterrichtszeit zeigten die Erstklässler sehr deutliche Ermüdungserscheinungen. Bis über die Hälfte aller Schülerinnen und Schüler gähnten, legten den Kopf auf die Bank und suchten bequeme Positionen einzunehmen. Auffällig häufig waren dabei Hände oder Finger der Kinder in der Mundhöhle beschäftigt.

Einem großen Teil der Kinder mit durchschnittlicher bis sehr guter Koordinationsfähigkeit bereitete es Schwierigkeiten, sich selbst an- oder umzukleiden und die Schuhe zu binden. Sie besaßen diese Fähigkeiten jedoch laut Aussagen der Erzieherinnen im Kindergarten.

6 Diskussion der Ergebnisse der quantitativen und qualitativen Erhebung

6.1 Struktur und Durchführung der Evaluation

6.1.1 Ablauf und Zeitrahmen

Mit dem Schuljahresbeginn 2005/2006 wurden die Eingangsstufenkonzepte in die Praxis für früh eingeschulte Kinder umgesetzt. Eltern, Lehrerinnen und Erzieherinnen waren gespannt auf die Bewertung der Konzepte durch die Evaluation und erhofften sich Impulse für deren Weiterentwicklung. Ein Anschreiben mit den ersten Fragebögen zu Beginn der Evaluationsphase ging im September 2005 an alle Waldorfeinrichtungen Berlins und Brandenburgs. Eine systematische Steuerung der Auswahl teilnehmender Einrichtungen und Kinder erfolgte nicht, die Teilnahme blieb dem Zufall überlassen.

Für die gesamte Evaluation wurde ein Zeitrahmen von zwei Schuljahren, beginnend 2005/2006, festgelegt. Dabei sollten die Ergebnisse der Evaluation für den Entscheidungsprozess zur Überarbeitung der Schuleingangskonzepte für das Schuljahr 2007/2008 Berücksichtigung finden. Diese zeitliche Vorgabe bedeutete, dass die Ergebnisse bis Januar 2007 vorliegen mussten. Damit reduzierte sich die eigentliche Untersuchung auf ein Jahr, d. h. einen sehr kurzen Zeitraum, in dem vermutlich nur eingeschränkt Veränderungen beobachtbar sein würden.

6.1.2 Personelle Ressourcen

Neben dem Zeitrahmen waren die personellen Ressourcen für die Durchführung einer Evaluation solchen Umfangs ebenfalls sehr begrenzt. Die Planungsphase war extrem kurz. Eine Überprüfung der Erhebungsinstrumente in einer Testphase musste entfallen, entsprechend erwies sich die Auswertung als problematisch und aufwändig.

6.1.3 Stichprobe

Im Verlauf der Untersuchung wurde deutlich, dass der Rücklauf aufgrund der Freiwilligkeit der Teilnahme besonders zum ersten Erhebungszeitpunkt geringer war als erwartet. Dies führte, verteilt auf die Konzepte, zu sehr kleinen Teilnehmergruppen, die Ergebnisse waren daher noch wenig aussagekräftig. Auch wurde ersichtlich, dass komplexe Phänomene Methoden erfordern, die diesen angemessen sind (vgl. hierzu die Methodendiskussion bei Randoll 1999, 148 ff. und Marti 2006, 134 f. sowie im Hinblick auf den Einsatz von ökonometrischen Methoden Eckey et al. 2004). Im Sinne einer formativen Evaluation (Allgäuer 1998) wurden im Laufe des Untersuchungsprozesses die Evaluationsinstrumente überprüft, erweitert und entsprechend angepasst.

6.1.4 Erhebungsinstrumente

Der Elternfragebogen über das Wohlbefinden der Kinder war anscheinend für die abgefragten Bereiche aus Elternsicht nicht differenziert genug erstellt bzw. nicht genügend relevant für eine Gesundheitseinschätzung. Auch könnten die Eintragungen der Eltern von dem positiven Verhältnis zu ihren Kindern beeinflusst sein.

6.1.5 Reflexion der Standards für Evaluation

Als Instrument der Qualitätssicherung wurde angestrebt die vier Standards der Deutschen Gesellschaft für Evaluation: Nützlichkeit, Durchführbarkeit, Fairness, Genauigkeit zu erfüllen (DeGEval 2004: 8).

Nützlichkeit

Durch die Evaluation konnte die Problematik der Früheinschulung und der Zusammenarbeit der Waldorfeinrichtungen am Übergang Kindergarten – Schule fundiert aufgearbeitet und dargestellt werden: Einerseits für die im Focus stehenden, früher eingeschulten Kinder, jedoch darüber hinaus allgemein für den Übergang vom Kindergarten in die Schule. Für eine Reihe von Waldorfeinrichtungen stehen Konzeptgestaltungen im Hinblick auf Früheinschulung und Kooperation zwischen Kindergarten und Schule aktuell an. Die Ergebnisse der Evaluation können bei solchen Entwicklungsaufgaben hilfreich sein.

Durchführbarkeit

Wie unter 6.6.1 und 6.6.2 beschrieben waren die Möglichkeiten begrenzt.

Fairness

Die ethischen Richtlinien (Friebertshäuser und Prengel 2003) wurden eingehalten. Zur Zusammenarbeit mit der regionalen und externen Arbeitsgruppe fanden 6 Arbeitstreffen in Berlin statt, sie dienten dem Austausch und der Klärung von Fragen. Durch den Kontakt zwischen der externen (AKÜKS) und der regionalen Arbeitsgruppe (Koordinator AKÜKS BB) war eine beständige gute Kommunikation gegeben.

Genauigkeit

Bedingt durch die o.g. Einschränkungen in der Durchführbarkeit, dem Erhebungsinstrument und der Zufallsstichprobe in den quantitativen Erhebungen konnten die umfangreichen Informationen aus den Frage- und Beobachtungsbögen nicht im vollen Umfang für die Datengewinnung genutzt werden. Die qualitativen Erhebungen bildeten eine sinnvolle Ergänzung und trugen dazu bei, die Ergebnisse zu präzisieren.

6.2 Entwicklung der Konzepte

6.2.1 Beteiligung am „Arbeitskreis angemessenes Einschulungsalter"

Die Konzeptentwicklungsarbeit erforderte ein Aufeinander-Zugehen von Kollegien der Kindergärten und Schulen. Dazu bot der Arbeitskreis ein Forum. Die Auswertung der Anwesenheitslisten (Abb. 13 und 14) ergab, dass sich einige wenige Einrichtungen regelmäßig beteiligten. Die Mehrzahl nahm sporadisch teil. Der fixe Treffpunkt für die regionalen Arbeitskreissitzungen in der FWS Berlin-Kreuzberg könnte einer der Gründe dafür gewesen sein.

Abb. 13: Teilnehmer der Waldorfschulen am regionalen „Arbeitskreis angemessenes Einschulungsalter" Berlin-Brandenburg

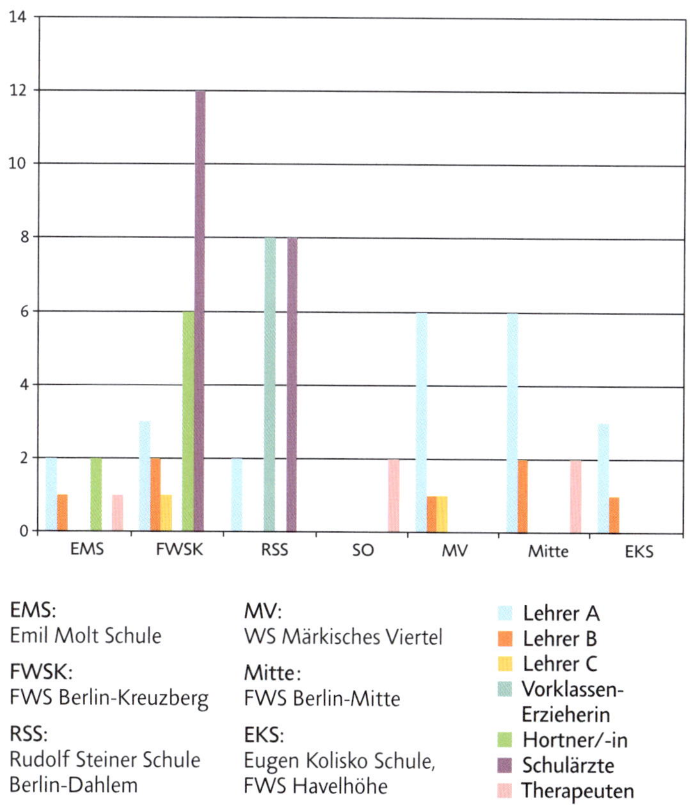

EMS: Emil Molt Schule
FWSK: FWS Berlin-Kreuzberg
RSS: Rudolf Steiner Schule Berlin-Dahlem
SO: FWS Berlin-Südost
MV: WS Märkisches Viertel
Mitte: FWS Berlin-Mitte
EKS: Eugen Kolisko Schule, FWS Havelhöhe

Ziele und Aufgaben des Arbeitskreises fanden sich nicht formuliert. Alle Waldorfeinrichtungen erhielten die Sitzungsprotokolle über den Stand der Verhandlungen mit den Behörden. Der Transfer der fachlichen Diskussion beschränkte sich für die Mehrzahl der Einrichtungen auf die Kenntnisnahme der Protokolle.

Das Thema schien offenbar nicht wichtig genug; die weit überwiegende Anzahl der Schulen nahm nicht (selbst-)verpflichtend teil, offenbar wurden keine Beauftragungen für die Mitarbeit ausgesprochen oder Delegationen eingerichtet. Das Thema blieb eher eine Frage des Interesses als das der Notwendigkeit, es hatte wohl keine Priorität.

Auf dem Hintergrund der geringen Teilnahme stellt sich die Frage, ob die pädagogische Fachdiskussion und Konzeptentwicklungsarbeit unter diesen Bedingungen genügend Tiefe erreichen konnte.

Kindergarten und Schule bildeten bisher zwei autonome Institutionen, die im Sinne der Waldorfpädagogik unter verschiedenen strukturellen Bedingungen sowie nach unterschiedlichen pädagogischen Prinzipien arbeiteten. Auch die Ausbildung der Erzieherinnen ist eine andere als die der Lehrkräfte. Die Waldorfschule war bisher ausschließlich auf die Pädagogik des 2. und 3. Jahrsiebts eingerichtet, der Kindergarten war für das 1. Jahrsiebt zuständig.

Durch die Vorverlegung des Einschulungsalters wurde jetzt dem Verantwortungsbereich der Waldorfschule ein Teil des 1. Jahrsiebts zugeordnet. Sie muss sich der neuen Aufgabe bewusst annehmen. Eine Zusammenarbeit am Übergang vom Kindergarten zur Schule bedeutet nicht nur eine neue pädagogischen Aufgabe, sondern zugleich eine soziale Herausforderung.

Abb. 14: An der Konzeptentwicklungsarbeit im „Arbeitskreis angemessenes Einschulungsalter" beteiligte Erzieherinnen

In Abb. 13 und 14 bezeichnen die Buchstaben A, B, C (bzw. deren Farben) verschiedene Teilnehmer aus den jeweiligen Einrichtungen.

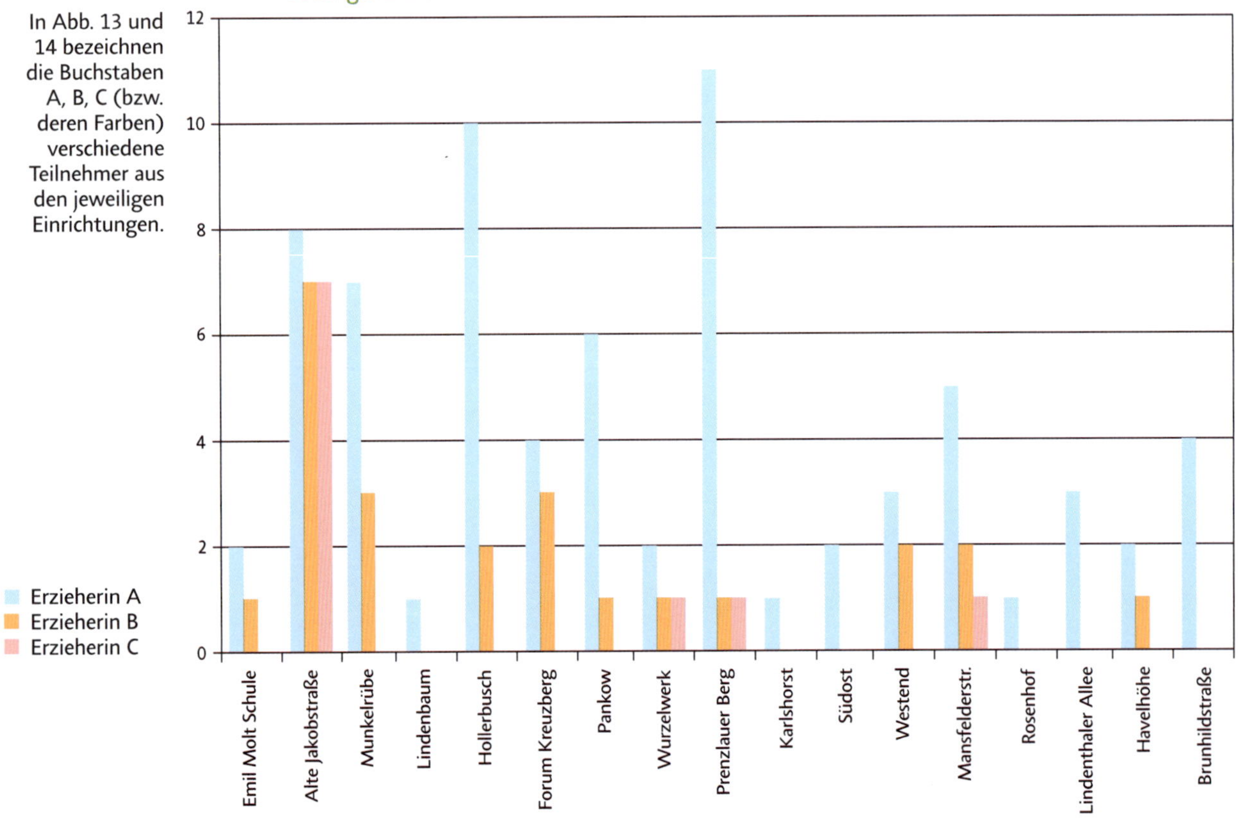

Im Folgenden die Sicht der beteiligten Berufsgruppen auf die Konzeptentwicklung:

6.2.1.1 Erzieherinnen

Die Fachgruppe der Erzieherinnen war am stärksten und kontinuierlich beteiligt. Diese verfügten über Kenntnisse der Waldorfpädagogik für Kinder am Ende des ersten Jahrsiebts durch eine entsprechende Ausbildung sowie Praxiserfahrungen und über die notwendigen und speziellen Fachkompetenzen für eine Konzeptentwicklung. Mit Abstand am häufigsten beteiligten sich die Erzieherinnen der Einrichtungen, die das Schulaußenstellenkonzept favorisierten.

6.2.1.2 Lehrerinnen

Gegenüber der Berufsgruppe der Erzieherinnen beteiligten sich Lehrer/-innen der Waldorfschulen eher sporadisch an den Sitzungen (Abb. 13). Das Angebot des fachlichen Austauschs auf regionaler Ebene zum Thema Früheinschulung und die damit zusammenhängende Konzepterweiterung der Schule um Angebote für Kinder im ersten Jahrsiebt wurden verhältnismäßig selten angenommen. Offen blieb, wie weit in den örtlichen Arbeitsgruppen der Schulen Erzieherinnen als die fachkompetenten Gesprächspartnerinnen für das 1. Jahrsiebt in deren Konzeptentwicklung einbezogen wurden.

6.2.1.3 Schulärzte und Therapeuten

Die Gesundheitsförderung ist Bestandteil des Konzepts der Waldorfschulen. Eine Schulärztin/ein Schularzt, therapeutische Fachkräfte (für Heileurythmie, Sprachgestaltung, Förderunterricht) zählen zum Kollegium der Waldorfschulen, Pädagogik und Medizin arbeiten ineinander greifend. Zwei Schulärzte beteiligten sich an der regionalen Konzeptentwicklungsarbeit.

Betrachtet man die Konzeptentwicklungsgruppe vor den Hintergrund der Berufserfahrungen, so dominierten die Aspekte der Waldorferzieherinnen und die der Schulärzte unter der Fragestellung: Welche Bedingungen benötigen Kinder für die gesunden Reifeprozesse am Ende des ersten Jahrsiebts?

6.2.1.4 Aufnahmekollegien

Eine weitere Fachgruppe bildeten die Mitglieder der Aufnahmekollegien. Diese setzten sich meist aus erfahrenen Klassenlehrern, Schulärzten, Förderlehrern und Therapeuten der Waldorfschulen zusammen. Sie verfügten über Erfahrungen in der Beobachtung von Kindern, die zur Einschulung vorgestellt wurden. Ihnen oblag die Beurteilung, ob die Kinder über die Reife verfügten, die für die Aufnahme in die erste Klasse (Beginn des zweiten Jahrsiebts) Voraussetzung ist. Im Verhältnis zu der Aufgabe, die sie an der Nahtstelle Kindergarten – Schule bisher einnahmen, schienen sie in der überregionalen Konzeptarbeit unterrepräsentiert. Für diese Kollegen war es wichtig festzustellen, dass die mangelnde Reife bei Kindern, die schulpflichtig, aber noch nicht erstklassreif sind, nicht verwechselt werden darf mit einem möglicherweise bestehenden Förderbedarf, sondern vor allem dem Umstand geschuldet ist, dass diese Kinder noch jünger sind und dadurch natürlicherweise einen anderen Entwicklungsstand haben als die älteren Kinder.

Mit Besorgnis registrierten sie aber auch die große Anzahl jener Kinder, die bereits nach der alten Regelung mit Bedarf an Förderung in die Schule aufgenommen wurden. Sie brachten den Wunsch nach gezielten Angeboten, insbesondere für die Sinnespflege und nach mehr Bewegung für die Kinder, in die neu zu gestaltenden Konzepte ein. Diese Aussagen legten nahe, die Konzeptbearbeitung nicht auf das Jahr vor der Einschulung zu begrenzen und keinesfalls allein auf die früh eingeschulten Kinder zu beziehen, da die Hälfte der Schüler/-innen nach wie vor mit Ende der Kindergartenzeit in die erste Klasse eingeschult wird, ohne am Eingangsstufenangebot teilgenommen zu haben.

6.2.1.5 Eltern

Die Elternschaft der Waldorfkindergärten war sehr am Thema „Früheinschulung" interessiert. Es meldeten sich ausschließlich Eltern zu Wort, die eine Einschulung der noch nicht erstklassreifen Kinder am Waldorfkindergarten (Schulaußenstellen) unterstützten. Dies ließ vermuten, dass die

Erzieherinnen sich aktiv dafür einsetzten, den früheren Wechsel der Kinder, die noch nicht erstklassreif waren, zu vermeiden und im regen Austausch mit den Eltern waren, die diese Initiative unterstützten.

6.2.1.6 Verantwortungsträger

Regelmäßig nahmen der Fachberater der Vereinigung der Waldorfkindergärten und der Sprecher der Landesarbeitsgemeinschaft der Waldorfschulen in Berlin und Brandenburg teil. Vor allem Letzterer pflegte Gespräche mit dem Senat und der Kindertagesstättenaufsicht. Er stellte die Einschulungskonzepte der Waldorfschulen vor, diskutierte sie mit den Verantwortlichen und erreichte deren Genehmigung.

6.2.2 Inhaltliche Konzeptgestaltung

Die Ideen zur Konzeptentwicklung enthielten Neuerungen und veränderte Gewichtungen gegenüber den bisher bestehenden Konzepten des Waldorfkindergartens, die Grundlage für die Gestaltung der Eingangsstufe vor der ersten Klasse waren: Der Bereich Sinnes- und Wahrnehmungspflege sowie die allgemeine Gesundheitsförderung sollten nach Ansicht der Aufnahmekollegien verstärkt und erweitert werden. Beobachtungen an den Kindern, vornehmlich im Rahmen der Schuleingangsuntersuchungen an Waldorfschulen, gaben den Anlass dazu.

Wegen veränderter Bedürfnisse und Lebensbedingungen der Kinder wurden im Waldorfkindergarten bereits vor Herabsetzung des Einschulungsalters, Elemente der Bewegungsförderung und „der Waldtag" oder Wandertag verstärkt in den Kindergartenalltag aufgenommen.

In der Unterstufe der Waldorfschule gab es ebenfalls vorab Impulse für Konzeptveränderungen wie beispielsweise verändertes, bewegliches Mobiliar und ein anders gegliederter Tagesrhythmus ohne feste 45-Minuten-Taktung, bekannt geworden unter dem Namen „Bewegte/Bewegliche Klasse" oder „Bochumer Modell" (Auer 1999). Gründe dafür waren Beobachtungen, dass basale Kompetenzen der Kinder schwächer und verspätet ausgebildet wurden, wie etwa in der Bewegungs- und Sprachentwicklung; allgemein schien eine verstärkte Gesundheitsförderung notwendig geworden.

Obschon die gesunde Sprachentwicklung heute bei zahlreichen Kindern gefährdet scheint, wurde bei den Zielen die Sprachpflege nur wenig genannt. In der Konzeptgestaltung tauchten Ideen zur Stärkung dieses bedeutenden Entwicklungsbereiches nicht auf.

Eine Überprüfung der bestehenden Konzepte war demnach bereits aus anderen Gründen geboten. Die frühere Einschulung zeigte sich in diesem Falle als ein positiver Motor die Konzepte den Bedürfnissen der Kinder anzupassen. Auch wiesen veränderte familiäre Situationen auf die Notwendigkeit hin, die bestehenden Angebote umfassend zu reflektieren. Dies betraf die längere Verweildauer der Kinder tagsüber in der Einrichtung sowie den früheren Übergang von der Familienbetreuung in die Kindertagespflege.

6.2.3 Wahl des Konzeptes für die Zusammenarbeit Kindergarten – Schule

Die Varianten verdeutlichen eine unterschiedliche Anbindung an die Waldorfkindergärten des Einzugsgebietes.

Schulaußenstellen – verzahnte Zusammenarbeit mit allen Waldorfkindergärten des Einzugsgebietes

Schulen, die von Beginn der Konzeptentwicklung mit Kindergärten ihres Einzugsbereiches zusammenarbeiteten, gelang der erforderliche Dialog offenbar zunehmend. Sie entschlossen sich das Konzept Schulaußenstelle umzusetzen. Eine regelmäßige, dicht verzahnte pädagogische Zusammenarbeit von Kindergarten und Schule ist die Folge.

Eingangsstufenklassen

Bei einigen Schulen, welche eine Eingangsstufenklasse einrichteten, bestand eine Zusammenarbeit mit Kindergärten oder wurde im Laufe des Erhebungszeitraums verstärkt, bei anderen wurde diese bisher nicht angestrebt und umgesetzt.

6.3 Vergleich der Konzepte

Eine Kernaussage der an der Konzeptentwicklung Beteiligten lautete: Keine Aufnahme der Kinder in die erste Klasse der Waldorfschule vor Erreichen der Erstklassreife (3.1.1). Das davon abgeleitete Ziel müsste lauten: Die Kinder verlassen die Eingangsstufen erstklassreif.

Welche Wege wurden in den unterschiedlichen Konzepten eingeschlagen, um dieses Ziel zu erreichen?

6.3.1 Übereinstimmung in den Bildungszielen

Die allgemein formulierten Ziele finden ihre Entsprechungen in den Prinzipien der Waldorfpädagogik für das erste Jahrsiebt (Patzlaff und Saßmannshausen, 2007: 17).

Persönliche Schwerpunktsetzungen und Ziele stimmten mit den unter den allgemeinen Zielen am häufigsten genannten überein. Die breitere Streuung in den persönlichen Zielen wies auf individuelle Anliegen der Erzieherinnen hin. Als Beispiele wurden angeführt das Ausüben eines Handwerks sowie Sprachübungen.

Gesichtspunkte zu Konzepten und Zielen

1. Arbeit nach den Prinzipien des ersten Jahrsiebts (3.1.3 und 3.1.4)
2. Die meisten Einrichtungen übernahmen das Arbeitspapier zu Kompetenzbereichen von Lang (2003) als Zielformulierung.
3. Die rhythmische Tages- und Wochengestaltung des Waldorfkindergartens wurde in allen Konzepten übernommen oder geringfügig variiert.
4. Gesundheitsfördernde Aspekte: Vornehmlich wurden Wahrnehmungs- und Sinnesschulung in allen Konzepten herausgestellt. Beschreibungen zu Bewegungsanregungen dominierten.
5. Einige Einrichtungen führten eine Fremdsprache für die früh eingeschulten Kinder ein.

6.3.2 Unterschiede in den Bildungsbedingungen

Unterschiede der Konzepte bestanden in den Bildungsbedingungen und -angeboten:

6.3.2.1 Schulaußenstelle – Reife durch Kontinuität und Förderung

Das Konzept Schulaußenstelle bot als Entwicklungs- und Bildungsbedingungen für Reifung am Ende des ersten Jahrsiebts Kontinuität der Bindungen und Beziehungen. Ergänzt wurden entwicklungsgerechte Angebote durch die Erzieherinnen in der altersgemischten Gruppe und den Wanderlehrer.

Kinder, die von einem anderen Kindergarten in die Schulaußenstelle wechseln, haben ebenso, wie die Eingangsstufenklassenkinder, zwei Übergänge innerhalb kurzer Zeit zu bewältigen. Vorteile gegenüber der altershomogenen Eingangsstufenklasse bieten folgende Bedingungen: Sie treffen auf eine Gemeinschaft mit bereits vorhandenen Gewohnheiten und dem größten Teil der Gruppe vertrauten Abläufen. „Quereinsteiger" können in der Regel gut integriert werden. Es handelt sich meist um wenige Neuankömmlinge. Sie erhalten in der Gruppe den Status der „großen" an der Außenstelle eingeschulten Kinder.

6.3.2.2 Eingangsstufenklasse – Reife durch Förderung

Das Konzept Eingangsstufenklasse sah für früh eingeschulte Kinder eine gezielte Förderung der Reife in altershomogenen Gruppen durch spezielle Angebote vor.

6.3.2.3 Verweildauer der Kinder im gleichen System

Schulaußenstellenkinder verweilten bis zur Erstklassreife im bekannten, vertrauten System. Sie wechselten unter den bisher üblichen Bedingungen in die erste Klasse der Waldorfschule.

Eingangsstufenklassenkinder wechselten aus Sicht der Kinder und Eltern die Einrichtung einmal zusätzlich. Dies war jeweils unabhängig von der Zugehörigkeit zu einer Schule zu sehen, die anschließend die gleiche ist. Aus Sicht der Kinder und Eltern veränderten sich die gesamten Verhältnisse (6.3.2.4) mit Aufnahme in die erste Klasse in allen unten genannten Punkten. Die Bewältigung

Abb. 15: Übergänge im Konzept der Eingangsstufe an Schulaußenstellen (SchauS)

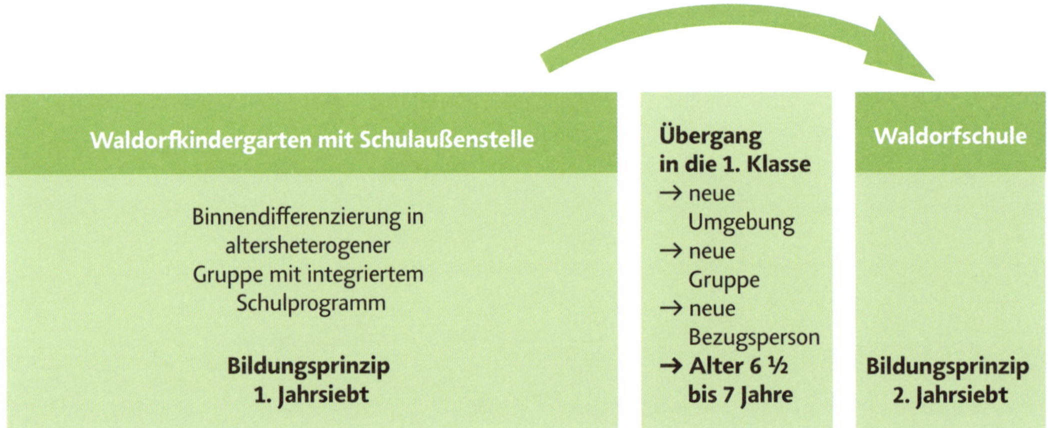

Abb. 16: Übergänge im Konzept der altershomogenen Klasse/Gruppe vor der 1. Klasse (EST)

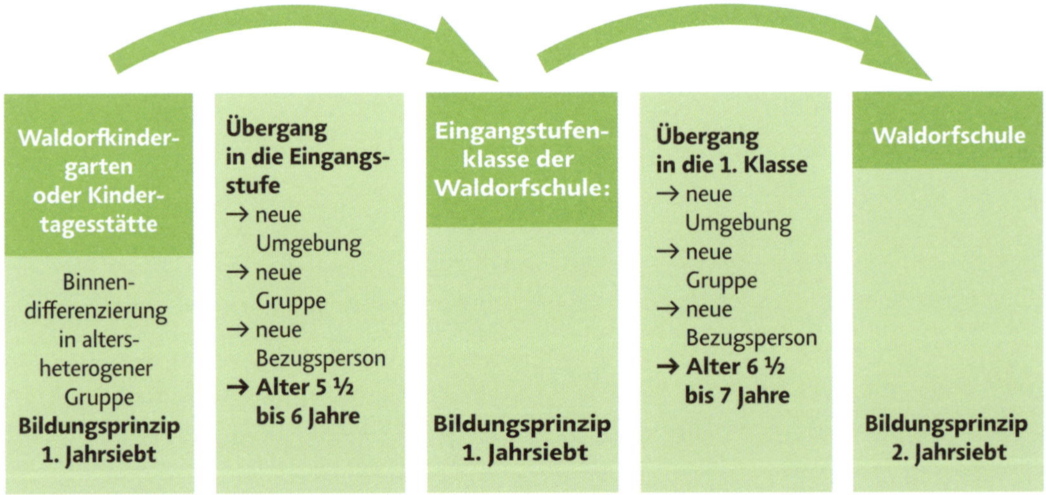

von Übergängen bedeutete eine Herausforderung, die Chancen und Risiken bergen konnte (3.2).

Betrachtet vor dem Hintergrund der an dieser Untersuchung teilnehmenden Kinder, zeigten die Ergebnisse der quantitativen Erhebung und die Einzelfallanalysen, dass mit der Einführung eines zusätzlichen Wechsels für einen Teil der Kinder von einem zusätzlichen Risiko gesprochen werden kann (5.5.1.2).

6.3.2.4 Bewältigung der Übergänge

Eingangsstufenkinder erleben innerhalb von 12 bis 13 Monaten (je nach Ferientermin) zwei Wechsel. Dies bedeutet im Hinblick auf die zu bewältigenden Übergänge:

Neue Bindungen und Beziehungen

Damit verbunden ist jeweils das Abschied-Nehmen und Sich-neu-Einlassen auf Bindungen und Beziehungen für Kinder und Eltern.

Neue Umgebung

Kinder verlassen die vertraute und erkunden die neue Umgebung (Ort, Gelände, Räume).

Neue Anforderungen

durch neue Regelungen und Einführung neuer Gewohnheiten der Einrichtungen für Kinder und Eltern.

Neuer Status

Die Kinder werden Schulkinder. Die Eltern werden Schulkind-/Horteltern.

Der früher veränderte Status wird in den Eingangsklassen deutlicher als in den Schulaußenstellen.

Übergangsbewältigung ist nicht allein abhängig von der Reife, sondern ebenso stark von Unterstützungsangeboten der primären Bezugspersonen (Eltern) und der Zusammenarbeit der Pädagogen des abgebenden und aufnehmenden Systems. Von Erfahrungen an Übergängen in frühen Kindheitsjahren (z. B. Familie – Kindertagespflege) ist abhängig, inwiefern weitere Übergänge im späteren Leben, bis ins spätere Erwachsenenalter, bewältigt werden können (Grotz 2005).

6.3.2.5 Früherer Wechsel in altershomogene Gruppenstruktur

Die **heterogene Gruppe** mit einer familienähnlichen Zusammensetzung kommt den Sozialisations- und Bildungsbedürfnissen des Kindes im ersten Jahrsiebt entgegen (3.1.3). Beim Übergang in eine Eingangsstufenklasse (EST) wechseln die Kinder nun früher als nach den bisherigen Einschulungsregeln in eine altershomogene Gruppe.

Diese entspricht jedoch nicht der Zusammensetzung einer ersten Klasse. Vor allem der Klassenlehrer, der die Gemeinschaftsbildung mitgestaltet und leitet, kommt erst mit Beginn der ersten Klasse. Hinzu kommen noch weitere Kinder, die unmittelbar aus dem Kindergarten in die erste Klasse wechseln.

Eine **altershomogene Gruppen**- oder Klassenführung der Kinder bzw. Schüler/-innen begann bisher mit Beginn der ersten Klasse. Der Waldorflehrplan, wie er für das zweite und dritte Jahrsiebt vorgesehen ist, baut auf die gemeinsame Sozialisation heterogener Individualitäten und das gemeinsame Lernen in einer auf Dauer angelegten Klassengemeinschaft über 12 Jahre auf.

Am Beginn des 2. Jahrsiebts entsteht diese aufgrund des erwachenden Bedürfnisses nach einem Wir-Gefühl in einer Gemeinschaft. Dieses tritt in der Regel gemeinsam mit der beginnenden Vorstellungstätigkeit der Kinder auf (Riethmüller 1993: 251–263).

6.3.2.6 Status „Königskind" entfällt für Eingangsstufenklassenkinder

Das frühere Ausscheiden der noch nicht erstklassreifen Kinder aus dem Kindergarten hat für diese Eingangsstufenklassen-Kinder zur Folge, dass für sie der Status der ältesten Kinder (Königskinder) in dieser Kindheitsphase, wie er sich in der Sozialisation einer heterogenen Kindergruppe ergibt, entfällt. D. h., es entfällt für die großen Jungen und Mädchen u.a. das Erleben, aus den bekannten Gewohnheiten und der daraus gewonnenen Sicherheit einerseits frei schaffen und gestalten zu können und andererseits mit Blick auf die jüngeren Kinder die Rolle der Könner, Kenner und Helfer im Gruppengeschehen einzunehmen.

6.3.2.7 Gruppengröße

Von den drei teilnehmenden Einrichtungen strebten die beiden Berliner in der Eingangsstufe Klassengrößen von ca. 20 Kindern an. Eine erreichte diese Klassenstärke, die andere hatte eine Schülerzahl von 17 Kindern. Die Schule in Brandenburg wich von den Bedingungen der Berliner Schulen (mangels Kindern) mit einer Klassengröße von 5 Kindern stark ab.

Die Hospitationen sowie auch der Beobachtungsbogen der Erzieherinnen gaben Hinweise auf die Krisenzeit, die im Zusammenhang mit dem beginnenden Zahnwechsel gesehen werden könnte. Der doppelte Wechsel der Bezugspersonen (nämlich der Erzieherin und der Gruppe, teilweise zusätzlich Aufnahme in den Hort) erscheint in dieser biografischen Phase problematisch, zumindest für jene Kinder, die ohnehin mit Entwicklungsproblemen zu kämpfen haben.

Hinweise auf zunehmende Aggressivität und Unwohlsein der Kinder in altershomogenen Eingangsstufenklassen erfordern es, die vorgesehene Klassengröße für Kinder dieses Alters zu überdenken. Eltern von Eingangsstufenklassenkindern äußerten in der Fragebogenkategorie „Was würden Sie sich für Ihr Kind noch wünschen?" am häufigsten: Herabsetzung der Klassengröße.

6.4 Wohlbefinden und Gesundheit der Kinder

Aus den Ergebnissen des Elternfragebogens wurde deutlich, dass die Eltern das Wohlbefinden ihrer Kinder als sehr gut einschätzten. Für fast alle Antworten wurde die höchste Ausprägung (3) bzw. mindestens die zweithöchste (2) angekreuzt.

Die Ergebnisse zum Gesundheitszustand der Kinder (5.5.1.2) weichen nicht von denen des statistischen Mittels ab. Dennoch überraschte, dass, obwohl bei einem Drittel der Fälle der allgemeine Gesundheitszustand beeinträchtigt war, insgesamt ein durchschnittlich gutes bis sehr gutes Wohlbefinden der Kinder angegeben wurde.

Die Items zum Schlafverhalten (Ein- und Durchschlafen) und zu Kopf- und Bauchschmerzen sowie Übelkeit ließen keine Differenzierung in der Information erkennen, woraus hervorging, dass Störungen in diesen Bereichen tatsächlich bei den Kindern so gut wie nicht vorkamen (wahr oder zufällig) oder die Skalenbreite des Fragebogens nicht genügend differenzierte (Trennschärfe).

Insgesamt zeigten die Auswertung der Beobachtungsbögen sowie die Einzelfallanalysen, dass Eltern und Erzieherinnen früh Kenntnis und ein Bild über Entwicklungsstand bzw. Entwicklungsoriginalitäten der Kinder hatten. Insbesondere die Einzelfälle zeigten, dass es von großem Wert für die Kinder sein könnte, wenn Eltern und Pädagogen sich früher als bisher (Schulaufnahme) über ihre jeweiligen Kinderbeobachtungen genau und regelmäßig austauschten, speziell beim Übergang von einer in die nächste Einrichtung.

Die Kenntnisse der Erwachsenen nutzen dann den Kindern, wenn entwicklungsgerechte Unterstützungsmaßnahmen überlegt und umgesetzt werden. Damit wird nicht allein oder in erster Linie an medizinische-therapeutische Behandlung gedacht, sondern in Alltagshandlungen integrierbare, unterstützende Aktivitäten der Eltern, Erzieher und Kinder (Interviews der Eingangsstufenlehrerinnen).

Die Waldorfpädagogik, welche die Gesundheitsförderung ausdrücklich betont (Patzlaff und Saßmannshausen 2007: 9), sollte bezüglich der Fragestellung, inwiefern für die Kinder tatsächlich gesundheitsfördernde Bedingungen vorliegen und welche das genau sind, untersucht werden.

6.5 Unterschiede in den Entwicklungsbereichen

6.5.1 Jungen und Mädchen

In der Tendenz wurden die Mädchen in den Beobachtungsbögen der Erzieherinnen positiver eingeschätzt als die Jungen. Die Bereiche Nachahmung und Spielverhalten wurden bei den Jungen in allen Konzepten am wenigsten hoch eingeschätzt. Ist das Angebot mehr an Mädchen orientiert als an Jungen? Diese Phänomene bedürfen der aufmerksamen Überprüfung der jeweils spezifischen Bildungsbedingungen und Bildungsangebote für Jungen und Mädchen in Waldorfeinrichtungen.

6.5.2 Altersspezifische Unterschiede

Die Kindergartenkinder der Schulaußenstellen schnitten in fast allen Items am wenigsten hoch ab. Gemäß dem jeweiligen Entwicklungsstand zeigten diese jüngeren Kinder natürlicherweise zum Erhebungszeitpunkt noch geringere Ausprägungen in einem großen Teil der Entwicklungsbereiche (gegenüber den älteren Kindern).

6.5.3 Nachahmung und Spiel

Ähnlich wie beim Bereich Gesundheit fällt mit Nachahmung und Spiel der Blick auf Entwicklungsbereiche, die speziell in der Waldorfpädagogik besondere Berücksichtigung finden. Hier sind weniger hohe Ausprägungen anzutreffen als in den anderen Feldern (Sprache, Motorik, Ausdauer etc.). Woran liegt das? War es für die Beobachter zu ungewohnt eine Einschätzung in diesem Bereich vorzunehmen?

Gegen diese Annahme spricht, dass die Textantworten der Erzieherinnen und Lehrerinnen präzise Beschreibungen von Beobachtungen zu Spiel und Nachahmung enthielten. Daher scheinen die Aussagen wichtige und gültige Hinweise zu geben. Eine nähere Untersuchung scheint erforderlich.

6.6 Hinweise auf eine Übergangsproblematik

6.6.1 Aus der quantitativen Erhebung

Die quantitative Auswertung der Befragungen machte auf die Übergangsproblematik aufmerksam. Kritisch muss dabei einbezogen werden, dass die Beobachtenden möglicherweise unterschiedliche Maßstäbe bei ihrer Einschätzung der Kinder angelegt hatten.

Die Profile in den Abbildungen 8–11 zeigen einen Medianvergleich (t1 und t2 gemittelt) getrennt nach Eingangsstufenklasse (EST) und Schulkinder in Schulaußenstellen (SchauS). Die Einschätzungen der Pädagoginnen zeigten sowohl bei den Jungen als auch den Mädchen in der Schulaußenstelle höhere Ausprägungen als in der Eingangsstufenklasse.

In den Eingangsstufenklassen wird ein Trend zur höchsten Einschätzung zum zweiten Erhebungszeitpunkt sichtbar. Die betreffenden Kinder waren mit Schuljahresbeginn 2005/2006 in einer völlig neuen Situation: Aus einer altersheterogenen Kindergartengruppe kamen sie in eine altershomogene Klasse zu einer neuen Bezugsperson (Eingangsstufen-Erzieherin oder -Lehrerin). In dem genannten Ergebnis kann daher eine Eingewöhnungssituation bzw. Übergangsphase im Sinne einer Bewältigung der neuen Situation erkannt werden.

Nach einem halben Jahr erreichten die Kinder das Niveau der höchsten Ausprägung ebenfalls. Offen blieb die Frage, wie der Wechsel von Bezugspersonen auf die Entwicklung der Kinder wirkte und unter welchen Bedingungen er bewältigt werden konnte (Unterstützungsfaktoren) bzw. wann die Gefahr bestand, dass sie misslangen (Risikofaktoren). Mittels Einzelfallanalysen wurde dieses Phänomen genauer untersucht.

6.6.2 Diskussion der Einzelfälle

Die in den Fragebögen erkennbar gewordene Häufung von Entwicklungsbesonderheiten wird durch die Einzelfallbetrachtungen bestätigt. Unabhängig von der Konzeptzugehörigkeit war der Anteil der Kinder mit Entwicklungsproblemen überproportional hoch: in der Eingangsstufenklasse höher als in der Eingangsstufe an Außenstellen.

Die vorgenommenen Einzelfallanalysen zeigten, dass den meisten der beobachteten Kinder (11 von 15) die Bewältigung des Übergangs bis zum Zeitpunkt der Beobachtungen nur eingeschränkt oder nicht gut gelang.

6.6.2.1 Tobias

In der ersten Zeit nach der Einschulung an der Außenstelle, in der er seit Beginn seiner Kindergartenzeit war, ging es Tobias im Kindergarten gut. Nicht gerne besuchte er den Kindergarten, jedoch ging er begeistert zur Wanderlehrerin. Das warf die Frage auf, ob er bereits früher schulreif gewesen wäre. Dagegen sprach die Beschreibung seines körperlichen Empfindens. Dies ließ eine körperliche bzw. gesundheitliche Umbruchsituation vermuten: müde schlapp, gelegentlich aggressiv. Wohlbefinden, Vitalität und seine Aggressivität verbesserten sich im Laufe des Einschulungsjahres an der Außenstelle, er fühlte sich im zweiten Halbjahr ausgeglichener. Bevor er in die erste Klasse kam, hatte er zu seiner vollen Kraft gefunden. Dort zeigte er sich als gut schulreifes Kind, das interessiert die Angebote des Unterrichts annahm, jedoch sich auch seine Pausen gönnte.

6.6.2.2 Juri

Die Einschätzung bezüglich der Erstklassreife stützte sich auf die Aussagen der Hortnerin, sie erlebte den Jungen täglich in der Nachmittagsbetreuung. Juri hatten die Übergänge keine bemerkenswerten Schwierigkeiten bereitet. Seine sensomotorischen Integrationsstörungen zeigten sich in der Unterrichtssituation, sie schienen nicht überwunden. Im Sinne der oben genannten Merkmale für die Erstklassreife wurden während der Hospitation Einschränkungen deutlich.

6.6.2.3 Lukas

Lukas zeigte in der Grobmotorik Koordinationsprobleme. Die Erzieherinnen registrierten dies zwar (im Reigen machte er nicht mit), jedoch hatten sie möglicherweise ungeprüft gelassen, aus welchem Grund. Eine sprachliche Verzögerung, die seit seinen ersten Lebensjahren bestand, könnte im Zusammenhang mit Problemen der motorischen Entwicklung gesehen werden (medizinische Diagnose scheint erforderlich). Beim Malen im Heft arbeitete er hoch motiviert. Er wandte viel Kraft und Konzentration für die Ausgestaltung seines Bildes auf, ermüdete jedoch rasch.

6.6.2.4 Isabel

Am Anfang der Eingangsstufe ging es Isabel etwas besser als im zweiten Halbjahr. Im häuslichen Umfeld registrieren die Eltern Anzeichen für Anspannung und Unwohlsein die sie auf die neue Situation in der Eingangsstufenklasse zurückführten. Mit zunehmender Vertrautheit mit der neuen Umgebung wuchsen Fähigkeiten und Sicherheit. Isabel machte gerne auf sich aufmerksam. Ihr Element war das soziale Rollenspiel. Sie erfüllte sehr gerne alle gestellten Anforderungen. Dafür strengte sie sich sehr an, wirkte dabei rasch überfordert und entkräftet.

6.6.2.5 Dominik

Dominik zeigte sich zu Beginn der Eingangsstufenzeit offen und neugierig. Bald zog er sich mehr und mehr zurück. Die Eltern gewährten in der Eingangsstufenzeit einen offenen Einblick in die problematische gesundheitliche Situation ihres Sohnes. Sie sahen oder erahnten offenbar seinen besonderen Förderbedarf. Die Wahrnehmungen in der Eingangsstufenklasse verdeutlichten ebenfalls den Bedarf an angemessener Betreuung und Förderung, die im Rahmen der Eingangsstufenklasse nicht gewährt werden konnte. In der ersten Klasse setzte sich dieser Eindruck weiter fort. Dominik hätte eine auf seine Bedürfnisse eingehende Begleitung und Förderung sowie eine Unterstützung für die Bewältigung des Übergangs benötigt.

6.6.2.6 Justus

Justus konnte die Anforderungen, die in einer ersten Klasse der Waldorfschule gestellt werden, noch nicht erfüllen. Bereits in der Eingangsstufenklasse wurde deutlich – und dieser Eindruck verstärkte sich mit Aufnahme in die erste Klasse –, dass Justus Unterstützung benötigte.

6.6.3 Auswertung und Zusammenfassung

Um im Sinne der Fragestellung der Evaluation die Ergebnisse der Einzelfallanalysen in die Bewertung der Konzepte einzubeziehen, wurde nach den Auswertungen der Beobachtungssequenzen im Unterricht der ersten Klasse folgende Kategoriebildung vorgenommen.

Erstklassreife Kinder

Während der Übergänge in die Eingangsstufe ergriffen diese Kinder eigenaktiv das freie Spiel und tauchten in der ersten Klasse in das Unterrichtsgeschehen ein. Sie nahmen überwiegend mit Freude teil, zeigten Interesse, erlebten gestellte Anforderungen als durchschnittlich bewältigbar und versuchten sich beim Üben größtenteils darauf einzulassen.

Diese Kriterien trafen auf vier Jungen zu:
Drei Kinder einer Schulaußenstelle an einem Kindergarten (SchauS)
- Tobias, 6 Jahre und 10 Monate
- Anton, 6 Jahre und 5 Monate
- Gregor, 6 Jahre und 10 Monate

Ein Kind einer altershomogenen Eingangsstufenklasse (EST)
- Juri, 7 Jahre und 1 Monat

Eingeschränkt erstklassreife Kinder

In der Übernahme eigenaktiven Spiels wirkten diese Kinder teilweise eingeschränkt und zeigten Koordinations-, Sprach-, Sozial- und Verhaltensauffälligkeiten, die bereits in der Eingangsstufe beobachtet wurden. Bei der Erfüllung der Anforderungen in der ersten Klasse wirkten sie zeitweise angestrengt. Die allgemeinen Anforderungen einer ersten Klasse der Waldorfschulen konnten sie zum Zeitpunkt der Beobachtung größtenteils bewältigen.

Dies traf auf acht Kinder zu, fünf Jungen und drei Mädchen:
Vier Schüler/-innen einer Schulaußenstelle an einem Kindergarten (SchauS)
- Carla, 6 Jahre und 5 Monate
- Lukas, 6 Jahre und 7 Monate
- Navid, 6 Jahre und 10 Monate
- Leandra, 6 Jahre und 5 Monate

Drei Schüler und eine Schülerin einer altershomogenen Eingangsstufenklasse (EST)
- Isabel, 6 Jahre und 10 Monate
- Raoul, 6 Jahre und 11 Monate
- Till, 6 Jahre und 10 Monate
- Florian, 6 Jahre und 10 Monate

Noch nicht erstklassreife Kinder

Diese Kinder konnten deutlich überwiegend nicht am Unterricht teilnehmen und fühlten sich meist nicht angesprochen. Die Eingangsstufe und das Unterrichtsangebot der ersten Klasse wurden ihren Bedürfnissen nicht gerecht. Sie bewältigten Übergänge nicht gut und bedurften entwicklungsgerechter Bedingungen und einer Förderung.

Diese Charakteristik traf auf zwei Jungen und ein Mädchen zu:
Ein Kind einer Schulaußenstelle am Waldorfkindergarten (SchauS)
- Miriam, 6 Jahre und 10 Monate

Zwei Kinder einer altershomogenen Eingangsstufenklasse (EST)
- Dominik, 6 Jahre und 4 Monate
- Justus, 7 Jahre

6.6.4 Unterschiede in der Entwicklungsdynamik

6.6.4.1 Kinder in der ersten Klasse – Bewältigung einer Übertrittsphase

Unabhängig von der Konzeptzugehörigkeit ließen sich während der teilnehmenden Beobachtung zu Beginn der ersten Klasse Phänomene beobachten, die ebenfalls als Hinweise auf eine kritische Übertrittsphase gesehen werden können:

1. Einem großen Teil der Kinder mit durchschnittlicher bis sehr guter Koordinationsfähigkeit bereitete es Schwierigkeiten, sich selbst an- oder umzukleiden und die Schuhe zu binden. Die Überprüfung der entsprechenden Angaben in den Beobachtungsbögen ergab, dass ein großer Teil der Kinder diese Fähigkeiten vor dem Übergang in die erste Klasse besaß.
2. Nach 40 Minuten Unterrichtszeit zeigten die Erstklässler sehr deutliche, rasch fast die gesamte Klasse ergreifende Ermüdungserscheinungen. Über die Hälfte aller Schülerinnen und Schüler gähnten, legten den Kopf auf die Bank und suchten bequeme Positionen einzunehmen. Auffällig häufig waren dabei Hände oder Finger der Kinder in der Mundhöhle beschäftigt.

Zwei Beispiele

6.6.4.2 Tobias

Sowohl Eltern als auch Erzieher bemerkten zum ersten Beobachtungszeitpunkt im Herbst seine abnehmende Vitalität, zunehmende Blässe und gesteigerte Aggressivität. Dies kann als Erscheinungen einer Krisenzeit gesehen werden, die Tobias durchmachte. Im Kindergarten, äußerten die Eltern, fühlte er sich nicht wohl.

War er dort unterfordert? Diese Frage taucht vor Eintreten der Erstklassreife häufiger bei Eltern und Pädagogen auf. Beobachtet wird eine solche Krisenanfälligkeit in der Zeit, in der sich der Zahnwechsel zeigt. Die Kinder fühlen sich häufiger unwohl, wirken gelangweilt, wissen nicht mehr, was sie tun wollen (Lundgren, in Neider 2006: 53).

Gerne ging Tobias zur Wanderlehrerin, zeigte sich offen für neue Impulse. Die veränderten Anforderungen zu meistern gefiel ihm sehr gut; die Eltern sagten aus, er wolle am liebsten auch sonntags zu ihr gehen.

Er war begeistert und dies bestärkte ihn offenbar. Im zweiten Halbjahr wirkte er durchgängig ausgeglichen, seine Vitalität stand ihm wieder voll zur Verfügung. Die Krisenzeit schien überwunden. Offenbar ging es ihm in der Schulaußenstelle an seinem alten Kindergarten wieder gut.

Seine Fähigkeiten zeigten in allen Bereichen die jeweils höchste Ausprägung, außer in der Sprache. Dies blieb nach Beobachtungen der Erzieherinnen unverändert. Ob die zweithöchste Ausprägung im Bereich Sprache als ein Hinweis für eine Sprachauffälligkeit gesehen werden kann, ist unwahrscheinlich, vermutlich wäre in dem Falle eine deutlich niedrigere Ausprägung gewählt worden. Genauer müsste dies von Eltern und Erziehern beantwortet werden.

Problematisch zeigte sich die Fragebogenskalierung in diesem Zusammenhang. Eine Verbesserung und Steigerung der Fähigkeiten bei Kindern, welche die höchste Ausprägung bereits beim ersten Erhebungszeitpunkt oder davor erreicht hatten, konnte aufgrund der Skalenbegrenzung nicht aufgezeigt werden. Die Erfahrungen von zwei Eingangsstufenlehrern (Interviews) an Schulaußenstellen wiesen auf erhebliche Verbesserung der Fähigkeiten der Kinder im Laufe des Eingangsstufenjahres in allen Entwicklungsbereichen hin.

Beim Übertritt in die erste Klasse zeigte sich Tobias als begeisterter Schüler, der gerne zur Schule ging. Er hatte Zugriff auf bereits erlangte Fähigkeiten, und neue Herausforderungen schienen in einem ausgewogenen Maße für ihn geboten.

Er wirkte nicht über- und nicht unterfordert. Die Reife am Unterricht der ersten Klasse teilzunehmen hatte er voll erreicht.

6.6.4.3 Juri

Von den Kindern, die zum dritten Erhebungszeitpunkt in einer Eingangsstufenklasse beobachtet werden konnten, wurde er als einziges als erstklassreif angesehen. Die Einschätzung beruhte auf den Beobachtungen der Hortnerin.

Bei denjenigen Kindern ihrer Hortgruppe, die von der Eingangsstufe der Waldorfschule in die erste Klasse übergetreten waren, war der Anteil der Kinder mit einer Entwicklungsproblematik auffällig hoch (sieben dieser Kinder nahmen durchgängig an der Evaluation teil).

Juris Eltern hatten für ihren Sohn zuvor nicht den Waldorfkindergarten gewählt, sondern eine andere Kindertagesstätte. Mit Einführung der früheren Einschulung meldeten sie ihr Kind bei der Waldorfschule an. Juri hatte mit Beginn des Schuljahres seinen siebenten Geburtstag erreicht.

Weder die Beschreibungen des Eingangsstufenlehrers noch die Beobachtungen während der Teilnehmenden Beobachtung in der Klasse wiesen darauf hin, dass Juri das jeweilige pädagogische Angebot für sich nutzen konnte.

In der ersten Zeit in der Eingangsstufenklasse schien er sehr im freien Spiel aufzugehen, ohne sich für die soziale Gruppe zu interessieren. Offenbar stand für Juri an, sich mit sich selbst und dem eigenen Spiel auseinanderzusetzen. Er fand die Möglichkeit sich hingebungsvoll in Ruhe mit einer Sache zu beschäftigen.

Insgesamt ging es Juri zu Beginn besser als zum zweiten Erhebungszeitpunkt. Fast die gleichen Beschreibungen (zurückgehende Vitalität, Blässe, Aggressivität), wie sie für Tobias genannt wurden, tauchten ebenfalls bei Juri auf, blieben jedoch bis zum Ende der Eingangsstufenklasse bestehen bzw. traten als Merkmale deutlicher hervor.

Für seine Eingewöhnungsphase und das allmähliche gegenseitige Kennenlernen von Kind und Pädagoge benötigte Juri längere Zeit. Er zog sich eher zurück, als dass er Sicherheit gewann und seinen Spielraum erweiterte. Günstig hätte sich auswirken können, wenn Juri die intensive Spielbetätigung hätte weiterführen können, bis er sich mit zunehmender Sicherheit nach und nach für die soziale Gruppe interessiert hätte, also Explorationsverhalten nach erlangter Sicherheit hätte entwickeln können (Bowlby: 1966). Förderbedarf lag nach Aussage der Eltern bereits vor Beginn der Eingangsstufenklasse vor. Die Beobachtungen in der ersten Klasse ergaben, dass eine Suche nach möglicher Unterstützung für Juri angebracht schien.

6.6.5 Allgemeine Übergangsproblematik Kindergarten – Schule

Unabhängig vom Konzept kann mit jedem Übergang in der Biografie eine positive neue Herausforderung, wie auch eine kritische Übertrittsphase einhergehen (Grotz 2005, Beelmann 2006).

Sowohl die quantitative Erhebung als auch die Einzelfälle verdeutlichen die Übergangsproblematik für die früh eingeschulten Kinder. Warnende Hinweise in den ersten Protokollen der Aufnahmekollegen zum Entwicklungsstand der Kinder bei Schuleintritt und Probleme am Schulbeginn können durch die Übertrittsproblematik wohl teilweise erklärt werden.

Die Übergangssituation wurde bisher in der Waldorfpädagogik wenig beachtet und betrifft

- den Übergang vom Kindergarten und/oder den Schulaußenstellen in die erste Klasse
- gleichermaßen den Übergang vom Kindergarten in die Eingangsstufenklasse
- den Übergang von der Eingangsstufenklasse in die erste Klasse.

Ohne dass es im Einzelnen untersucht wurde, wurde die Problematik des Übergangs vom Kindergarten in die Schule vielmehr im Komplex der Schulreife gesehen. War diese erreicht, gingen Lehrer und Eltern davon aus, dass der Übertritt vom Kind gut gemeistert werden könnte.

6.7 Auswertung der Interviews der Eingangsstufenlehrer – Erste Erfahrungen

Die Haltung von Fachkräften gegenüber Kindern am Ende des ersten Jahrsiebts war im Vorfeld oftmals an die Vorstellung gebunden (Dokumentenanalyse Protokolle), dass Kinder sich möglicherweise auf Bildungselemente, die den Prinzipien des 2. Jahrsiebts entsprechen, bereits gerne früher einlassen. Genannt wurden z. B. das Erlernen von Regeln, die Einführung einer Fremdsprache und der Beginn der Heftführung.
Die Ergebnisse der Interviews, welche nach den Beobachtungen und Erfahrungen mit den Kindern der Eingangsstufen fragten, lauteten im Kern:

- Das Eingangsstufenkind ist kein Erstklässler!
- Das Bedürfnis des Kindes ist das freie Spiel.

Diese Aussagen der Interviews widersprachen den genannten Vorstellungen, dass Elemente des zweiten Jahrsiebts vorgezogen werden könnten. Im Einzelfall kann dies sicherlich einmal der Fall sein, wird jedoch eher eine Ausnahme darstellen.

Die Beibehaltung der Bildungsprinzipien des ersten Jahrsiebts schien sich durch die Beobachtungen an den früh eingeschulten Kindern zu bestätigen. Die Interviews enthielten eine Zusammenfassung der Wünsche und Notwendigkeiten, die Kollegien nach der ersten Zeit der Umsetzung erkannten. Die Frage, welche Bedingungen nötig sind, um der Konzeptentwicklung in diesem Sinne und den Bedürfnissen der Kinder und der Pädagogen/-innen (vor allem im Hinblick auf Fortbildungsbedarf) gerecht zu werden, ergibt sich daraus als eine Aufgabe.

6.8 Auswertung der Erzieherinneninterviews – Qualitätseinbußen durch veränderte Altersstruktur in den Kindergartengruppen

Teilnehmerinnen waren Pädagoginnen von Waldorfkindergärten, die zum Einzugsbereich von Waldorfschulen zählten, die Eingangsstufenklassen eingerichtet hatten. In deren Gruppen fehlten die „großen" Kinder, die freigewordenen Plätze wurden von unter Dreijährigen eingenommen. Die Auswirkungen, die mit der Herabsetzung des Einschulungsalters einhergingen, machten sich wesentlich deutlicher bemerkbar als erwartet.

In diesen Einrichtungen zeigten sich ungünstigere Bildungsbedingungen und eine Minderung der Bildungsqualität für die Kindergartengruppe am gravierendsten. Die Aufnahme unter dreijähriger Kinder brachte also eine weitere Problematik, die gleichzeitig aufzufangen war und ungelöst blieb.

Entsprechend stellte sich die Frage, welches geeignete Maßnahmen sind, um Qualitätsverlust zu vermeiden und die Bedingungen für die Betreuung und Bildung der Kinder zu verbessern.

Es meldeten sich außerdem Kolleginnen und Kollegen zu Wort, die in Zusammenarbeit zwischen Waldorfkindergarten und Waldorfschule das Konzept einer altershomogenen Eingangsstufenklasse weiterentwickelt hatten. Die betreffende Schule hatte neben der Eingangsstufenklasse auf ihrem Gelände noch einen Kindergarten eingerichtet, damit beide kooperieren konnten und die Altersheterogenität für früh eingeschulte Kinder so teilweise wieder hergestellt wurde, z. B. durch eine gemeinsame Gartenzeit oder andere gemeinsame Aktivitäten.

Die Interviews zeigten, dass die verstärkte Zusammenarbeit zwischen Kindergarten und Schule gewünscht wurde. Alle Beteiligten erhofften sich dadurch eine Verbesserung der Situation für die Kinder und sahen solch eine verstärkte Zusammenarbeit grundsätzlich als pädagogisch wertvolle sowie unterstützende Maßnahme an. Kindergärten ohne örtliche Anbindung an eine Waldorfschule wünschten ebenfalls als Außenstelle einer Waldorfschule zu fungieren, im Sinne der Ausweitung eines wohnortnahen Waldorfschulangebotes für junge Schulkinder.

7 Fazit – Fragestellungen, Empfehlungen und Ausblick

Die Notwendigkeit einer individuellen Begleitung der Kinder und Eltern unabhängig vom Konzept bei a l l e n Übergängen wurde in dieser praxisnahen Evaluation deutlich (Fragebögen und Einzelfallanalysen). Bisher fanden sowohl die Herausforderungen als auch mögliche Probleme bei der Übergangsbewältigung (3.2) der Kinder wenig Berücksichtigung.

Das Erreichen von Reife im Entwicklungsprozess in der jeweiligen Waldorfeinrichtung stand bisher im Focus pädagogischer und gesundheitlicher Betrachtungen der Kinder (3.1.3). Dies hat in der Waldorfpädagogik, vor allem wegen der unterschiedlichen Bildungsprinzipien für das erste Jahrsiebt und die darauf folgenden, seine volle Berechtigung.

Eine vertrauensvolle Zusammenarbeit vorausgesetzt, entstehen aus den Beobachtungen der einzelnen Kinder und dem Dialog der Erzieherinnen, Lehrerinnen und Eltern wertvolle Erfahrungen und Kompetenzen, die den Kindern zugute kommen. Die freien Textantworten in den Beobachtungsbögen der Erzieherinnen verdeutlichten dies. Eine engere Zusammenarbeit und Verzahnung sind aus Gründen notwendig, die an den Entwicklungen der Kinder abzulesen sind. An ihnen lassen sich die pädagogischen Aufgaben gemeinsam beschreiben und verstehen.

Aus Verständnis für die Individualität des Kindes kann Erziehungskunst bei Pädagogen und Eltern entstehen. Der aus Zusammenarbeit erworbene Kenntnisstand der Eltern und Pädagogen über ein Kind der „abgebenden Einrichtung" sollte unter Berücksichtigung eines achtsamen Umgangs damit durch den Institutionswechsel nicht verloren gehen oder erst bei auftretenden Problemen berücksichtigt werden.

Auch der Aspekt der vorausschauenden Planung kann dabei einbezogen werden, um beispielweise Elemente der Wahrnehmungs- und Seelenpflege in die pädagogische Gestaltung aufzunehmen. Phänomenen wie Hochbegabung, Einschränkungen der Wahrnehmungsfähigkeit oder gesteigerter Empfindsamkeit könnte so angemessen und früh begegnet werden.

Wie aus den Ergebnissen und deren Diskussion ersichtlich, sollte bei der Weiterentwicklung der Konzepte Folgendes berücksichtigt werden:

7.1 Gesundheitsförderung

Die Ergebnisse warfen die Frage auf, ob die aktuellen Konzepte dem prinzipiell gesundheitsfördernden Ansatz der Waldorfpädagogik in ausreichendem Maße gerecht werden. Der hohe Anteil von Kindern mit Therapiebedarf (30 %!) unterstreicht, wie notwendig eine gesundheitsfördernde Pädagogik ist.

Dies muss vor allem für die Pädagogik des Waldorfkindergartens kritisch betrachtet werden. Eine Diagnosestellung für allgemeinen oder speziellen Förderbedarf erst bei Übertritt der Kinder in die Schule erscheint unangemessen spät. Bewegungsförderung und Sinnesschulung verstärkt in die Schule aufzunehmen, wird an vielen Stellen erfolgreich umgesetzt und ist als Ansatz sehr positiv zu werten. Darüber hinaus bleibt jedoch zu prüfen, ob diese Angebote nicht viel früher in Krippe und Kindergarten Bedeutung erhalten sollten – differenziert nach Alter und integriert in sinnvolle, natürliche Alltagsabläufe.

7.2 Übergang vom Kindergarten in die erste Klasse

Jeder Übergang birgt Chancen und Risiken, die – entsprechend dem jeweiligen Entwicklungsstand des Kindes und je nach Situation der Eltern – von allen am Übergang Beteiligten unterstützend begleitet werden sollten. Veranlasst durch die Kinder selbst, deren Individualität sich früher in ihrer Entwicklung zeigt, sowie durch die veränderten Lebensbedingungen, erfordert Kindheit allgemein differenziertere Betrachtungen der Bedürfnisse des jeweiligen Kindes.

7.3 Konzept Schulaußenstelle am Waldorfkindergarten

Die Rahmenbedingungen, die durch die Schulaußenstellen geboten werden, sind günstiger als die Eingangsstufenklasse an der Waldorfschule, da ein weiterer Wechsel für die Kinder, die bereits den Waldorfkindergarten besuchten, vermieden werden kann.

Das Konzept enthält bereits Merkmale einer Begleitung des Übergangs und einer verzahnten Zusammenarbeit. Eine Ausweitung auf die Zeit vor Eintritt in die Eingangsstufe für alle Kinder, insbesondere jedoch für Kinder, die nicht Schüler der Außenstelle werden, sondern direkt in die erste Klasse wechseln, wäre wünschenswert.

Ein regelmäßiger Austausch und Kontakt in der Unterstufenzeit, bis etwa in die zweite Klassenstufe, sollte erprobt werden. Dies scheint vor allem im Hinblick auf die Fortsetzung der Bildungsbereiche oder deren entsprechende Wandlung eine Chance zu bieten. Die Beachtung von Stärken, die das Kind im Waldorfkindergarten zeigte, sollte in der Waldorfschulzeit aufgegriffen werden können. Dies würde zur Wertschätzung der bereits erworbenen Fähigkeiten neben den neu zu erringenden beitragen.

Das Phänomen, dass die Kinder in der ersten Schulzeit eine Reihe von bereits erreichten Fertigkeiten in der Zeit des Übergangs zunächst weniger zeigen, erklärt sich durch die Flut der Anforderungen und Neuerungen, die die Kinder innerhalb kürzester Zeit erfassen und umsetzen sollen.

Ziel ist nicht einen verschwimmenden Übergang zu konstruieren oder Übergänge zu vermeiden, dies widerspräche den deutlich unterschiedlichen Bildungsprinzipien des ersten und zweiten Jahrsiebts. Vielmehr sollte der klare, neue Anfang Zeit und Räume anbieten und gleichzeitig das Mitgebrachte achten, um einander gut kennen und schätzen zu lernen und daraus das Neue nach Maßgabe der entsprechenden Bildungsprinzipien zu gestalten.

7.4 Konzept Eingangsstufenklasse an der Waldorfschule

Eine besondere Herausforderung stellt die Gestaltung der Übergänge für die Eingangsstufenklassen dar. Aus Sicht der Kinder und Eltern ist der Übergang in die erste Klasse mit einem zweifachen Wechsel verbunden. Sie benötigten die Strukturen und die pädagogische Organisation eines gleichzeitig aufnehmenden und abgebenden Systems.

Ähnlich wie bei der Aufnahme in die erste Klasse (jedoch ein Jahr früher) sind alle Kinder Neuankömmlinge. Neue Gewohnheiten werden von Erwachsenen eingeführt und gepflegt. Die Kinder in der neuen Gruppe oder Klasse kennen sich teilweise nicht. Die oben genannten Anregungen gelten ebenfalls für dieses Konzept.

Wegen der Bedingungen, die diese Form der Übergangszeit mit sich bringt, erscheint bei gleichbleibender Personalbesetzung für diese altershomogene Gruppe eine Klassenstärke von 10–12 Kindern empfehlenswert.

7.5 Qualitätsverlust im Waldorfkindergarten entgegensteuern

Ein Qualitätsverlust durch früheres Ausscheiden der großen Kinder und Aufnahme jüngerer Kinder wurde deutlich erkennbar.

Vor allem die älteren Kindergartenkinder erhalten kein ausreichendes, entwicklungsgerechtes Angebot mehr, wenn die Versorgung jüngerer Kinder in den Vordergrund des pädagogischen Alltags rückt.

Dringend notwendig ist die Aus- und Umgestaltung der Waldorfkindergärten in Einrichtungen, die Folgendes bieten:

- Erhaltung der Qualität und des Anregungsniveaus für die Kindergartengruppe im Sinne der Waldorfpädagogik (Handwerks-, Arbeitsprozesse erleben, Märchen, Geschichten und Puppenspiele, Ausflüge in die Natur, längere Reigen und Bewegungsspiele),
- angemessene Betreuungs- und Bildungssituation für Kinder unter drei Jahren,
- Zeit und Ruhe, viel Raum und Nähe zu Bezugspersonen.

Für die jüngeren Kinder liegen Konzepte vor, die entsprechende Rahmenbedingungen nach waldorfpädagogischen Gesichtspunkten beschreiben und sich in der Praxis bereits bewährt haben (siehe Vereinigung der Waldorfkindergärten in Berlin und Brandenburg: Kindertagespflegeeinrichtungen und Wiegestuben für unter dreijährige Kinder).

7.6 Erweiterung des Außenstellenangebotes

Waldorfkindergärten, die nicht unmittelbar einer Schule angegliedert sind, sollte eine Teilnahme an der Eingangsstufe als Schulaußenstelle ermöglicht werden. Damit kann eine wohnortnahe, frühe Einschulung angeboten werden. Das Waldorfkindergartenkonzept ist dann als Schulangebot entsprechend auszugestalten und zu erweitern. Die Waldorfkindergärten benötigen dazu die entsprechende Unterstützung der Schulen.

7.7 Doppelrolle der Eltern

Eltern nehmen eine doppelte Rolle an Übergängen von einer in die andere Einrichtung ein. Sie sind wichtige Begleiter ihrer Kinder und unterstützen und begleiten ihr Kind beim Wechsel der Institutionen, andererseits müssen sie ebenfalls eine Übergangssituation bewältigen.

7.8 Aus- und Weiterbildung

Eine Aus- und Weiterbildung in der Waldorfpädagogik des ersten Jahrsiebts für Lehrerinnen an Eingangsstufen wurde von den Pädagog(inn)en gewünscht, die als Pioniere die pädagogische Arbeit vor Beginn der ersten Klasse begannen. Organisation und Struktur der Kooperationsarbeit sowie Gesprächsführung und interaktive Formen der Zusammenarbeit mit Eltern und Kollegen der Schule sollten dabei einbezogen werden.

7.9 Zusammenarbeit Kindergarten – Schule

Allgemein betrachtet erhielt bisher die eingehendere Beschäftigung mit der Tatsache, dass Schulen und Kindergärten den letzten Teil des ersten Jahrsiebts gemeinsam verantworten, zu wenig Raum. Ohne Fortsetzung der Fachdiskussion auf menschenkundlicher Grundlage kann die Weiterentwicklung der Konzeptarbeit nicht auskommen. Erste wichtige Schritte konnten gegangen werden. Reiche Erfahrungen der Erzieherinnen, Aufnahmegremien und jetzt auch der Eingangsstufenpädagoginnen können einbezogen werden.

Die Gestaltung des Übergangs für Kinder und Eltern von einer in die folgende Einrichtung verlangt nach einem Dialog auf Grundlage von Beobachtungen der jeweiligen Kinder. Aus diesen Kenntnissen lässt sich ein individueller Weg ableiten, auf dem die Erwachsenen die Kinder begleiten.

Vor allem benötigen Eltern und Kolleg(inn)en der Kindergärten und Schulen gemeinsame Zeit (Deputate) für eine konstruktive Zusammenarbeit und den Austausch.

7.10 Konzept 0–18 Jahre – Veränderte Lebensbedingungen beachten

Der Gesamtbildungsgang der Waldorfpädagogik von 0–18 Jahren sollte als notwendige gemeinsame Kindergarten- und Schulentwicklungsaufgabe in der heutigen Zeit umgesetzt werden!

Die Ergebnisse der Evaluation verdeutlichten, dass die Ausarbeitung der Konzepte nicht auf das Jahr vor der ersten Klasse beschränkt bleiben darf. Insbesondere die Begleitung der Kinder und Eltern bei den Übergängen zeigte sich als bedeutende neue Aufgabe, die ebenfalls interaktiv bis in die Unterstufenzeit hinein wahrgenommen werden sollte.

7.11 Offene Fragen

7.11.1 Entwicklungsbereiche Nachahmung und Spiel

Die Beobachtungen der Erzieherinnen und Lehrerinnen zu Nachahmung und Spielverhalten der Kinder stimmten nachdenklich. Wie können diese Lern- und Bildungsqualitäten für dieses Alter angemessen angeregt werden? Eine genauere Überprüfung scheint wünschenswert. Dabei sollte ins Auge gefasst werden, die pädagogischen Konzepte vom Beginn der Kindergartenzeit an auf ihre Anregungsqualität in der Umgebung der Kinder zu hinterfragen und die Qualität zu überprüfen.

7.11.2 Jungen und Mädchen

Unterschiedliche Entwicklungsverläufe von Jungen und Mädchen zeigten sich in dieser Evaluation. Sie sind kein neues Phänomen. Der Frage, inwieweit die Konzepte der Waldorfpädagogik diesem wahrgenommenen Umstand bereits Rechnung tragen, sollte ebenfalls nachgegangen werden.

7.12 Eigenständige Wege der Waldorfpädagogik

Mit der Einrichtung der Schulaußenstellen gelang es in Berlin, ein eigenständiges Konzept weitgehender Verzahnung von Kindergarten und Schule zu entwickeln und umzusetzen.

Das Qualitätsmerkmal stellt eine gelebte, nicht eine formale Kooperation der Kindergärten und Schulen dar. Qualitätsmaßstab ist dabei der tatsächliche Umfang der Kontakte und Gespräche der Eltern und Pädagogen über die Kinder, die vom Kindergarten in die Eingangsstufe aufgenommen werden, sowie die Verbindung der Einrichtungen durch gemeinsame Aktivitäten.

Die Eingangsstufenklassen können günstige Voraussetzungen dafür bieten, ebenso wie die Schulaußenstellen, die pädagogische Zusammenarbeit mit Kindergärten vor der Aufnahme der Kinder und nach Verlassen der Eingangsstufenklasse beim Eintritt der Kinder in die Schule zu erweitern und zu vertiefen.

8 Literatur

Allgäuer, R. (1998) *Evaluation macht uns stark! Zur Unverzichtbarkeit der Praxisforschung im schulischen Alltag,* Erziehungskonzeptionen und Praxis Band 33, 2. Aufl., Peter Lang GmbH. Europäischer Verlag der Wissenschaften, Frankfurt M.

Altrichter, H. und Posch, P. (1998) *Lehrer erforschen ihren Unterricht, eine Einführung in die Methoden der Aktionsforschung,* 3. Aufl., Klinkhardt Verlag, Bad Heilbrunn

Antonovsky, A. (1997) *Salutogenese Konzept,* in „die Drei" 8-9/2004, S. 7-8

Auer, W.-M. (1999) *Zum Bewegten Klassenzimmer oder Bochumer Modell – Neugestaltung der 1. und 2. Klasse,* Erziehungskunst 6/1999 S. 698-703

Auer, W.-M. (2005) *Das Bochumer Modell – ein Stein des Anstoßes,* Erziehungskunst 10/2005, S. 1067-1069

Arbeitskreis Interpretationswerkstatt, PH Freiburg (Hg.) (2004) *Studieren und Forschen, Qualitative Methoden in der LehrerInnenbildung,* Centaurus Verlags-GmbH, Herbolzheim

Beelmann, W. (2006) *Normative Übergänge im Kindesalter. Anpassungsprozesse beim Eintritt in den Kindergarten, in die Schule und in die Weiterführende Schule,* Kovac Verlag, Hamburg

Bloom, B. S. (1964) *Stability and Chance in human Characteristics,* Wiley, New York

Böttcher, W., Holtappels, H.-G. und Brohm, M. (Hg.) (2006) *Evaluation im Bildungswesen,* Juventa Verlag, Weinheim und München

Böhm, W. (2005) *Wörterbuch der Pädagogik,* 16. Aufl., Kröner Verlag, Stuttgart

Bohnsack, R. (2003) *Rekonstruktive Sozialforschung – Einführung in qualitative Methoden,* 5. Auflage, Leske und Budrich, Opladen

Bronfenbrenner, U. (1981) *Die Ökologie der menschlichen Entwicklung,* Klett-Cotta, Stuttgart

Büchner, P. und Kral, K. Informelles Lernen im Jugendalter, in Rauschenbach et al. (Hg.) (2006) *Der Lernort Familie und die Bedeutsamkeit der Familie im Kindes- und Jugendalter,* Juventa Verlag, Weinheim und München

Burk, K.-H. (2006) *Was wird aus der neuen Schuleingangsstufe?* in Grundschule aktuell, Nr. 93, 02/2006, 3–5, Frankfurt/M.

DESTATIS s. Statistisches Bundesamt

Deutsche Gesellschaft für Evaluation e.V. (DeGEval) (Hg.) (2004) *Empfehlungen zur Anwendung der Standards für Evaluation im Handlungsfeld der Selbstevaluation,* 2. Aufl., Zimmermann Medien, Köln

Deutscher Bildungsrat (KMK) (2007) Ständige Konferenz der Kultusminister der Länder in der Bundesrepublik Deutschland und Deutsche Unesco Kommission (DUK) *Bildung für nachhaltige Entwicklung in der Schule,* Gutachten und Studien der 7. Bildungskommission

Eckey, H. J. et al. (2004) *Ökonometrie,* Gabler Verlag, Wiesbaden

Faust, G. (2006) *Konzept und Stand der neuen Schuleingangsstufe in den Bundesländern* in Grundschule aktuell, Nr. 93, I. Quartal 2006, S. 19–23, Frankfurt a. M.

Faust-Siehl, G. und Speck-Hamdan, A. (Hg.) (2001) *Schulanfang ohne Umwege,* Grundschulverband, Frankfurt/M.

Filipp, S.-H. (1995) *Kritische Lebensereignisse,* 3. Aufl., Psychologie Verlags Union, München

Flick, U. (2000) *Qualitative Forschung – Theorie, Methoden, Anwendung in Psychologie und Sozialwissenschaften,* 5. Aufl., Rowohlt Taschenbuch Verlag, Reinbek bei Hamburg

Flick, U., v. Kardoff, E., Steinke, I. (Hg.) (2002) *Qualitative Forschung – ein Handbuch,* Rowohlt Taschenbuch Verlag, Reinbek bei Hamburg

Flick, U. (2006) *Qualitative Sozialforschung – eine Einführung.* – vollst. überarb. und erw. Neuausg., 4. Aufl., Rowohlt Taschenbuch Verlag, Reinbek bei Hamburg

Friebertshäuser, B. und Prengel, A. (Hg.) (2003) *Handbuch qualitative Forschungsmethoden in der Erziehungswissenschaft,* Studienausgabe, Juventa Verlag, Weinheim und München

Froschauer, U. und Lueger, M. (2003) *Das qualitative Interview – Zur Praxis interpretativer Analyse sozialer Systeme,* Facultas Verlags- und Buchhandels AG, Wien

Griebel, W. und Niesel, R. (2000) *Start in den Kindergarten, Grundlagen zum Übergang von der Familie in die Kindertagesstätte,* Don Bosco Verlag, München

Griebel, W. und Niesel, R. (2004) *Transitionen, Fähigkeit von Kindern in Tageseinrichtungen fördern, Veränderungen erfolgreich zu bewältigen,* 1. Aufl., Beltz Verlag, Weinheim

Grotz, T. (2005) *Die Bewältigung des Übergangs vom Kindergarten in die Schule. Zur Bedeutung kindbezogener, familienbezogener und institutsbezogener Schutz- und Risikofaktoren im Übergangsprozess,* Kovac, Hamburg

Grunert, C. und Krüger, H.-H. (2006) *Kindheit und Kindheitsforschung in Deutschland – Forschungszugänge und Lebenslagen,* Barbara Budrich, Opladen

Hurrelmann, K./ Klocke, A./ Melzer, W. und Ravens-Sieberer, U. (Hg.) (2003) *Jugendgesundheitssurvey. Internationale Vergleichsstudie im Auftrag der Weltgesundheitsorganisation WHO,* Juventa Verlag, Weinheim und München

Kaiser, M. (2006) *Interviews mit Lehrern über die Umsetzung neuer Eingangsstufenmodelle an Waldorfschulen – Datenanalyse von Leitfadeninterviews;* Forschungsarbeit im Rahmen des M.A. Studiengangs der University of Plymouth (UK).

Kammermeyer, G. (2001) Schuleingangsdiagnostik, in Faust-Siehl, G. und Speck-Hamdan, A., *Schulanfang ohne Umwege,* Grundschulverband Band 111, Druckhaus Beltz, Hemsbach

Kammermeyer, G. Schulfähigkeit, in Faust-Siehl, G. und Speck-Hamdan, A. (2001) *Schulanfang ohne Umwege,* Grundschulverband Band 111, Druckhaus Beltz, Hemsbach

Kardel, T., McKeen, C., Patzlaff, R., Saßmannshausen, W. u.a. (2007), *Kindheit – Bildung – Gesundheit II, Waldorfpädagogik für die Kindheit von 3 bis 9 Jahren, Bildungsziele – Bildungsbereiche – Bildungsbedingungen,* 2. Aufl., Pädagogische Forschungsstelle beim Bund der Freien Waldorfschulen, Stuttgart

Kirchhoff, S. et all. (2001) *Der Fragebogen. Datenbasis, Konstruktion und Auswertung,* Leske und Budrich, Opladen

Lamnek, S. (2005) *Qualitative Sozialforschung, Lehrbuch,* 4. Auflage, Beltz Verlag, Weinheim und Basel

Lazarus, R.S. und Folkman, S. (1984) *Stress appraisal and coping,* Springer, New York

Lenzen, D. (1984) *Enzyklopädie Erziehungswissenschaft,* Band 2, Klett, Stuttgart

Lundgren, G., Die Entwicklung des kleinen Kindes, in Neider, A. (Hg.) (2006) *Bildung ist mehr als Lernen – Kindergarten und Schule im Dialog,* Verlag Freies Geistesleben, Stuttgart

Marotzki, W. (2003) Leitfadeninterview, in Bohnsack, R., Marotzki, W., Meuser, M., *Hauptbegriffe Qualitativer Sozialforschung. Ein Wörterbuch,* Leske und Budrich, Opladen

Marti, T. (2006) *Wie kann Schule die Gesundheit fördern? Erziehungskunst und Salutogenese,* Verlag Freies Geistesleben, Stuttgart

Mayer, H. (2002) *Interview und schriftliche Befragung, Entwicklung, Durchführung und Auswertung,* Oldenbourg Wissenschaftsverlag GmbH, München

Mayring, Ph. (2002) *Einführung in die qualitative Sozialforschung, eine Anleitung zum qualitativen Denken,* 5. Aufl., Beltz Verlag, Weinheim und Basel

Mayring, Ph. (2003) *Qualitative Inhaltsanalyse – Grundlagen und Techniken,* 8. Aufl., Beltz Verlag, Weinheim und Basel

Merton und Kendall (1956) in Lamnek, S. (2005) *Qualitative Sozialforschung, Lehrbuch,* 4. Aufl., Beltz Verlag, Weinheim und Basel

Moser, H. (2003) *Instrumentenkoffer der Praxisforschung,* Verlag Pestalozzianum, Zürich

Nickel, H. (1990) *Das Problem der Einschulung aus ökologisch-systemischer Perspektive,* in Psychologie in Erziehung und Unterricht 37, S. 217–227, Ernst Reinhardt Verlag, München

Nickel, H. und Petzold, M. (1993) Sozialisationstheorien unter ökologisch-psychologischer Perspektive in Markefka, M. und Nauck, B. (Hg.) *Handbuch der Kindheitsforschung,* Neuwied, S. 79–90

Oerter, R. und Montada, L. (Hg.) (2002) *Entwicklungspsychologie,* 5. Aufl., Beltz Verlag, Weinheim, Basel, Berlin

Patzlaff, R. und Saßmannshausen, W. (Hg.) (2007) *Kindheit, Bildung, Gesundheit I, Leitlinien der Waldorfpädagogik für die Kindheit von 3–9 Jahren,* 2. überarbeitete Aufl., Pädagogische Forschungsstelle beim Bund der Freien Waldorfschulen, Stuttgart

Penning, K. (1926) *Das Problem der Schulreife,* Klinkhardt-Verlag, Leipzig

Randoll, D. (1999) *Waldorfpädagogik auf dem Prüfstand,* Verlag Wissenschaft und Bildung, Berlin

Rheinländer, P. (1915) in Herff, E. (1967) *Die Schulreife als pädagogisch-psychologisches Problem,* Verlag E. Reinhardt o. O.

Richter, T. (1994) *Pädagogischer Auftrag; Unterrichtsziele und Lehrinhalte der Waldorfschule,* Manuskriptdruck der Pädagogischen Forschungsstelle beim Bund der Freien Waldorfschulen, Stuttgart

Rittelmeyer, Ch. (2008) *Kindheit im Bedrängnis. Zwischen Kulturindustrie und technokratischer Bildungsreform,* Kohlhammer, Stuttgart

Sanders, J. R. (Hg.) (2000) *Joint Committee on Standards for Educational Evaluation, Handbuch der Evaluationsstandards,* 2. Aufl., Leske und Budrich, Opladen

Schenk-Danzinger, L. (1969) *Schuleintrittsalter, Schulfähigkeit und Lesereife,* Klett Verlag, Stuttgart

Schulze, T., Interpretation von autobiographischen Texten, in Friebertshäuser, B. und Prengel, A. (Hg.) (2003) *Handbuch qualitative Forschungsmethoden in der Erziehungswissenschaft,* Studienausgabe, Juventa Verlag, Weinheim und München

Smit, J. (1990) *Der werdende Mensch – Zur meditativen Vertiefung des Erziehens,* 3. Aufl., Verlag Freies Geistesleben, Stuttgart

Statistisches Bundesamt (Hg.) (2006) *Datenreport 2006* – Bundeszentrale für polititsche Bildung DESTATIS. Wissen nutzen. SFG Servicecenter Fachverlage, Werbedruck GmbH Schreckhase, Spangenberg

Steiner, R. (1984) *Die Erziehung des Kindes vom Gesichtspunkte der Geisteswissenschaft,* Aufsatz 1907, 6. Aufl., Rudolf Steiner Nachlassverwaltung, Dornach (Schweiz)

Steiner, R. (1986) *Allgemeine Menschenkunde als Grundlage der Pädagogik, Menschenkunde und Erziehungskunst 1. Teil,* 4. Aufl., Rudolf Steiner Verlag, Dornach (Schweiz)

Steiner, R. (1921) unveröffentl. Vortrag 24.02.1921 in Utrecht, in Jaffke, F. (2004) *Vom Spiel des Kindes,* Studienmaterial der Vereinigung der Waldorfkindergärten, Heft 22, Stuttgart

Tietze, W. (2004) *Einführung in die Pädagogik der frühen Kindheit,* Verlag Leske und Budrich, Opladen

Tippelt, R. (Hg.) (2002) *Handbuch Bildungsforschung,* Verlag Leske und Budrich, Opladen

Weiß, Ch. (1999) *Basiswissen medizinische Statistik,* Springer-Verlag, Berlin, Heidelberg

Zdražil, T. (2006) *Unterricht und Gesundheit.* Quellensammlung aus dem Werk Rudolf Steiners, Pädagogische Forschungsstelle beim Bund der Freien Waldorfschulen, Stuttgart

Internet-Quellen

Einschulung (2007), http://www.mobile-familienmagazin.de/schulstart/einschulung [online 15.07.2007]

Fertig, M. und Kluve, J. (2005) *The Effect of Age at School Entry on Educational Attainment in Germany* http://econrsss.anu.ed au/~aleigh/pdf/Fertig_Kluve_Discussion.pdf [online 15.07. 2007]

Hovestadt, G. (2004) *Weichenstellung nach PISA, eine Studie des GEW Hauptvorstandes,* URL: http://www.edu-con.de [online 06. Oktober 2005]

IGLU (2001) *Zusammenfassung der Internationalen Grundschul-Lese-Untersuchung,* http://www.kmk.org/schul/pisa/iglu_kurz-end.pdf [online 08.August 2008]

Puhani, P. A. und Weber, A. M. (2005) *Fängt der frühe Vogel den Wurm? Eine empirische Analyse des kausalen Effekts des Einschulungsalters auf den schulischen Erfolg in Deutschland,* http://www.wiwi.uni-hannover.de/Forschung/Diskussionspapiere.php#year2005 [online 20.10.2008]

Wilde (2007) http://www.dagmarwilde.desaph/flexschulanfang_eingang.html[online21.07.2007]

9 Anhang

Anhang 1: Vereinbarung

Vereinbarung

zwischen dem Arbeitskreis „Übergang vom Kindergarten in die Schule" (AKÜKS)

und der Einrichtung: ______________________

mit Ansprechpartner/-in: ______________________

1. **Projektbeschreibung und Projektvereinbarung**
   Es gehört zu der Vorbereitung eines Dokumentations- und Evaluations-Projektes, dass die Ausgangsituation bzw. -Fragestellung geklärt und formuliert wird; dass ein Mandat für das Projekt besteht; dass verantwortliche Personen beauftragt werden; dass Zielsetzungen und zeitliche Rahmen sowie finanzielle Bedingungen und Kooperationen festgelegt werden. Dazu dient dieser Vereinbarungs-Bogen. Zu den notwendigen Arbeitsverfahren wird es vom AKÜKS Arbeitshilfen geben.

2. **Name des Projekts**: „Doku & Eva BB"
   (für: Dokumentation und Evaluation der Schuleingangsstufen in der Region Berlin-Brandenburg)

3. **Auftraggeber**:
   - Bund der Freien Waldorfschulen (Bund)
   - Internationale Vereinigung der Waldorfkindergärten (IVW)
   - Internationale Vereinigung der Waldorfkindergärten, Region Berlin-Brandenburg (IVW-BB)
   - Landesarbeitsgemeinschaft der Waldorfschulen Berlin-Brandenburg (LAG) (angefragt)

4. **Projektleitung: AKÜKS**
   - Margarete Kaiser; 63128 Dietzenbach ; Theodor Heuss Ring 26; 06074 / 483507, MargareteKaiser@web.de
   - Claudia McKeen; 70184 Stuttgart; Wagenburgstr. 6; 0711 / 210 42 27, mckeen@waldorfschule.de
   - Martyn Rawson; 70184 Stuttgart; Wagenburgstr. 6; 0711 / 210 42 23, rawson@waldorfschule.de
   - Konrad Schmidt; d.seiler@uhlandshoehe.de, 70567 Stuttgart, Machtolfweg 28 B, 0711 / 728 8312

Koordination in Berlin-Brandenburg:
- Dr. med. Michael Knoch, Spilstr. 1, 14195 Berlin, 030 / 615 1010-50, 0163-639 1809, mknoch@dibomedia.de

5. **Zielsetzung**
   Dokumentation und Evaluierung der neuen Schuleingangsstufen verschiedener Waldorf-Schulen in Berlin und Brandenburg, sowie der mit ihnen zusammenarbeitenden Kindergärten.

6. **Zeitplan**
   Laufzeit über zwei Jahre, beginnend August 2005.
   Erster Zwischenbericht nach etwa einem halben Jahr, zweiter nach etwa einem Jahr.

7. **Steuergruppe**
   (die vom Arbeitskreis Schuleingangsstufe der Waldorfschulen und Kindergärten in Berlin-Brandenburg delegierten Personen, die das Projekt durchführen)
   - „AKÜKS-BB"
   - Frauke Baader, Munkelrübe, 10997 Berlin, Wrangelstraße 82, johannes.pfuhl@web.de
   - Dörte Baganz, FWS Mitte, doebaganz@t-online.de
   - Karsten Bauer, IVW, FWS Mitte, 10997 Berlin, Köpenicker Straße 174, karsten.bauer@t-online.de
   - Marita Ernst-Bonnesoeur, FWS Kreuzberg, 10997 Berlin, Taborstr. 14, m.ernst-bonnesoeur@web.de
   - Michael Knoch, FWS Kreuzberg, 10969 Berlin, Ritterstr. 78, mknoch@dibomedia.de, 030/615101050, 030/8240108
   - Jens Wilkening, Emil Molt Schule, 14165 Berlin, Nieritzweg 23, wilkening@emil-molt-schule.de, 030/79741708

   (Bestätigung durch die IVW-BB und die LAG wird angestrebt.)

8. **Ressourcen, die für das Projekt zur Verfügung gestellt werden**:
   - Finanzierung des AKÜKS durch den Bund und die IVW
   - Finanzierung des Koordinators durch die IVW-BB
   - Sachkosten für Büro-Bedarf etc. durch die FWS Kreuzberg
   - weitergehende Finanzierungen werden angefragt.

9. **Beteiligte Einrichtungen** (soweit bislang bekannt):
   - Emil-Molt-Schule (EMS), Schulzwerge
   - Eugen-Kolisko-Schule (EKS), Brückenklasse
   - FWS Kreuzberg, 3 Schulaußenstellen
     WKG Alte Jakobstraße, 4 Gruppen
     WKG Forum Kreuzberg, 3 Gruppen
     Außenstelle „Görlitzer Park": WKG Hollerbusch, WKG Lindenbaum, WKG i.G. Munkelrübe
   - FWS Märkisches Viertel
   - FWS Mitte, 4 Schulaußenstellen
     WKG Wedding
     WKG Prenzlauer Berg
     WKG Wurzelwerk
     WKG Pankow

   Brandenburg:
   - FWS Cottbus, Basalklasse
   - FWS Kleinmachnow, Basalklasse

10. Alle betroffenen Eltern (Erziehungsberechtigte), ErzieherInnen, LehrerInnen, Vorstände sollen in das Projekt einbezogen und über die Ergebnisse des Projektes informiert werden.

11. Die **Ergebnisse des Projektes** werden durch AKÜKS nach gemeinsamer Absprache mit AKÜKS-BB veröffentlicht.

12. Der **Datenschutz** wird durch folgende Maßnahmen gewährleistet:
    Anonymität und Einverständniserklärungen aller beteiligten Erziehungsberechtigten!

13. **Unterschriften**

    für AKÜKS: ______________ des Koordinators: ______________

    für die beteiligte Einrichtung: ______________

Anhang 2: Fragebogen für die Eltern

Fragebogen für die Eltern

Arbeitskreis Übergang vom Kindergarten in die Schule

zur familiären Situation, Gesundheit der Kinder und Zufriedenheit mit dem Kindergarten, der Kindertagesstätte oder anderen vorschulischen Einrichtungen.

Im Zusammenhang mit der Vorverlegung des Einschulungsalters um ein halbes Jahr hat sich einiges im pädagogischen Konzept geändert. Wir wollen mit Ihrer Hilfe die positiven oder negativen Auswirkungen dieser veränderten Situation auf die Gesundheit, die Entwicklung und das Wohlbefinden Ihres Kindes dokumentieren und auswerten. Dafür sind uns auch Ihre Meinung und das, was Sie an Ihrem Kind beobachten, sehr wichtig. Bitte beantworten Sie daher die folgenden Fragen spontan und so, wie Sie Ihr Kind im Alltag zu Hause erleben, wie Sie meinen, dass es sich gefühlt hat. Mehrfachnennungen sind möglich und schreiben Sie ggf. Beobachtungen, Fragen oder Kommentare auf ein Extrablatt. Selbstverständlich sind alle Angaben freiwillig.
Wir versichern, dass der Fragebogen unter Beachtung der datenrechtlichen Bestimmungen bearbeitet wird. Ebenfalls haben Ihre Angaben keinerlei Auswirkungen auf einen zukünftigen Schulplatz in einer Waldorfschule. Vielen Dank.

Einrichtung: ______

Kontaktperson (z. B. Erzieherin/Lehrer) ______

Namenscode des Kindes wie folgt:

(1) Erster Buchstabe des (ersten) Vornamens
(2) Letzter Buchstabe des (ersten) Vornamens
(3) Erster Buchstabe des (ersten) Nachnamens
(4) Letzter Buchstabe des (ersten) Nachnamens

Verschlüsselte Namensangabe

☐	☐	☐	☐
(1)	(2)	(3)	(4)

Ausgefüllt am: ______ Schweigepflichtentbindung liegt vor ☐

I. Allgemeine Fragen zum neuen pädagogischen Konzept in Ihrer Einrichtung

I. a) Finden Sie die gesetzlich vorgegebene Vorverlegung des Einschulungsalters gut?

☐ ja ☐ eher ja ☐ eher nein ☐ nein

I. b) Fühlen Sie sich ausreichen informiert über das Konzept Ihrer Einrichtung?

☐ ja ☐ eher ja ☐ eher nein ☐ nein

I. c) Fühlt sich Ihr Kind in dieser Einrichtung wohl?

☐ ja ☐ eher ja ☐ eher nein ☐ nein

II. Familiäre Situation:

Geburtstag des Kindes: ______ ☐ männlich ☐ weiblich

Geschwister: Anzahl der älteren ______ jüngeren ______ ☐ keine Geschwister

II. a) Mit welchen Personen lebt das Kind in einem Haushalt:

☐ Mutter ☐ Vater ☐ Geschwister ☐ Großmutter
☐ Großvater ☐ Partner von Mutter/Vater ☐ andere Betreuung (z. B. Tagesmutter)

Besonderheiten der familiären Situation: ☐ nein ☐ ja

Wenn ja, welche: ______

II. b) Nationalität ______

II. c) Mit welcher/(n) Sprache(n) wächst Ihr Kind auf ______

II. d) Zu Hause sprechen wir ______

II. e) Wir wohnen ☐ großstädtisch ☐ kleinstädtisch ☐ ländlich/Randlage

II. f) Wir legen zu Hause Wert auf:

	ja, auf jeden Fall	soweit möglich	nicht so sehr	Nein
regelmäßige Lebensweise	☐	☐	☐	☐
gemeinsame Mahlzeiten	☐	☐	☐	☐
feste Zeiten für das Schlafengehen	☐	☐	☐	☐
eine gesunde Ernährung	☐	☐	☐	☐

II. g) Wir sprechen/singen einen Spruch/ein Lied:

	immer	häufig	manchmal	nie
vor dem Essen	☐	☐	☐	☐
vor dem Schlafen	☐	☐	☐	☐

II. h) Unser Kind sieht fern (Video/DVD):

☐ nie
☐ wöchentlich bis 1 Stunde ☐ wöchentlich bis 5 Stunden
☐ wöchentlich bis 3 Stunden ☐ mehr, ca. ______ Stunden wöchentlich

II. i) Unser Kind hört Kassetten / Radio / CD

☐ regelmäßig ☐ oft ☐ manchmal ☐ nie

II. k) Unser Kind hat Zugang zu Computer /Computer-Spielen /Lernprogrammen / Gameboy / Playstation

☐ regelmäßig ☐ oft ☐ manchmal ☐ nie

II. l) Das Kind nimmt an folgenden Freizeitkursen teil:

☐ keine ☐ Schwimmen ☐ andere Sportarten ______

☐ Musikalische Früherziehung/Rhythmik ☐ Ballett

☐ anderes ______

II. m) Die Waldorf-KiTa wurde gewählt, weil (Mehrfachnennung möglich):

☐ uns die schöne Stimmung in der Einrichtung gefällt.
☐ die Kita örtlich günstig liegt.
☐ wir die Pädagogik in der Waldorf-KiTa als richtig für das Alter ansehen.
☐ wir unsere Erziehung zu Hause auch an der Waldorfpädagogik orientieren.

☐ anderes ______

III. Angaben zur Entwicklung und Gesundheit des Kindes

III. a) Besonderheiten bei der Geburt / in der Schwangerschaft:

☐ keine ☐ Kaiserschnitt ☐ Frühchen ☐ übertragen

☐ andere ______

☐ in der Schwangerschaft ______

III. b) Besonderheiten in der Entwicklung: (zu früh/spät oder gestört, bitte kurz beschreiben)

☐ keine

☐ Bewegungsentwicklung ______

☐ Sprachentwicklung ______

☐ anderes ______

Mein Kind hatte folgende Therapien: (bitte welche, Alter, Dauer und Grund angeben)

______

______

III. c) Impfungen: (bitte ankreuzen)

☐ keine ☐ Tetanus ☐ Polio ☐ Diphtherie
☐ HiB ☐ Hepatitis A ☐ Hepatitis B ☐ Röteln
☐ Masern ☐ Mumps ☐ Keuchhusten ☐ Windpocken
☐ andere ______

III. d) Bisherige Kinderkrankheiten: (bitte ankreuzen)

☐ Masern ☐ Scharlach ☐ Keuchhusten
☐ Röteln ☐ Mumps ☐ Windpocken
☐ andere ______

III. e) Bisherige bemerkenswerte Krankheiten / Unfälle / Operationen? ☐ nein ☐ ja

Wenn ja, welche und in welchem Alter? ______

III. f) Chronische Krankheiten: ☐ nein ☐ ja

Wenn ja, welche:

☐ Asthma ☐ Allergisches Ekzem / Neurodermitis
☐ Heuschnupfen ☐ Diabetes Typ ☐ Übergewicht
☐ Stoffwechselstörungen (welche) ______
☐ andere ______

III. g) Unser Haus- / Kinderarzt / Heilpraktiker behandelt nach der folgenden Methode:

☐ Schulmedizin ☐ Homöopathie ☐ Anthroposophische Medizin
☐ Phytotherapie ☐ andere ______

III. h) Schlaf:	In der Regel gut	meistens gut	phasenweise schlecht	oft schlecht
Einschlafen	☐	☐	☐	☐
Durchschlafen	☐	☐	☐	☐

III. i) Appetit:	In der Regel gut	meistens gut	phasenweise schlecht	oft schlecht
	☐	☐	☐	☐

III. k) Mein Kind klagt über:

	nie	selten	manchmal	oft
Kopfschmerzen	☐	☐	☐	☐
Appetitlosigkeit	☐	☐	☐	☐
Übelkeit	☐	☐	☐	☐
Bauchschmerzen	☐	☐	☐	☐
Infekte	☐	☐	☐	☐

III. l) Wie erleben Sie zur Zeit Ihr Kind zu Hause (Mehrfachnennung möglich):

	fast immer	oft	manchmal	ganz selten
1) fröhlich	☐	☐	☐	☐
2) müde und schlapp	☐	☐	☐	☐
3) angestrengt	☐	☐	☐	☐
4) voller Tatendrang	☐	☐	☐	☐
5) voller Interesse	☐	☐	☐	☐
6) blass	☐	☐	☐	☐
7) nervös und zappelig	☐	☐	☐	☐
8) ängstlich	☐	☐	☐	☐
9) zufrieden	☐	☐	☐	☐
10) aggresiv	☐	☐	☐	☐
11) Es fühlt sich wohl in seiner Haut	☐	☐	☐	☐
12) würde in den Ferien oder samstags auch gerne in den Kindergarten/die Vorklasse gehen	☐	☐	☐	☐

III. m) Hat sich das gegenüber dem Vorjahr /den letzten Monaten verändert?

☐ Nein ☐ Ja

Wenn ja, was:

vermehrt	1	2	3	4	5	6	7	8	9	10	11	12
weniger	1	2	3	4	5	6	7	8	9	10	11	12

IV. a) Sehen Sie die Veränderungen bei Ihrem Kind in Zusammenhang mit dem neuen Konzept in der Einrichtung?

☐ ja ☐ zum größten Teil ☐ eher nicht ☐ nein

IV. b) Im Vergleich zu früher erfüllt das neue Konzept meine Erwartungen in Bezug auf:

	besser	genauso	weniger gut	schlechter
a) Förderung der Kreativität	☐	☐	☐	☐
b) Sozialverhalten	☐	☐	☐	☐
c) Anerkennung der Persönlichkeit	☐	☐	☐	☐
d) Allg. Wohlgefühl des Kindes	☐	☐	☐	☐
e) Sprachförderung	☐	☐	☐	☐
f) Bewegungsförderung	☐	☐	☐	☐

IV. c) Ich würde mir für mein Kind noch wünschen:

____

____

____

____

Anhang 3: Beobachtungsbogen

AKÜKS Arbeitskreis Übergang vom Kindergarten in die Schule
Wagenburgstr. 6, 70184 Stuttgart, Evaluation Berlin 2005–2006

Projekt Evaluation Berlin

Verschlüsselte Namensangabe

(1)	(2)	(3)	(4)

(1) Erster Buchstabe des (ersten) Vornamens
(2) Letzter Buchstabe des (ersten) Vornamens
(3) Erster Buchstabe des (ersten) Nachnamens
(4) Letzter Buchstabe des (ersten) Nachnamens

Beobachtungsbogen für Erzieherinnen

Name der Einrichtung:

	Jahr	Monate
Alter:		

Bogen ausgefüllt von:

Im Zeitraum von bis

Die wievielte Beobachtungsdurchführung: ______

Die Datenschutzbestimmungen sind mir bekannt: ☐

Wie lange ist das Kind in der Einrichtung? ______

Die wievielte außerfamiliäre Einrichtung ist sie für das Kind? ______

Datum: ______ Unterschrift: ______

AKÜKS Arbeitskreis Übergang vom Kindergarten in die Schule
Wagenburgstr. 6, 70184 Stuttgart, Evaluation Berlin 2005–2006

SPIELVERHALTEN

Verschlüsselte Namensangabe

(1)	(2)	(3)	(4)

	Trifft zu	Trifft eher zu	Trifft eher nicht zu	Trifft nicht zu	Weitere relevante Beobachtungen bzw. Bemerkungen
Das Kind orientiert sich am Erwachsenen oder anderen Kindern					
Das Kind wird durch die Gegenstände im Raum zur Tätigkeit angeregt					
Es spielt in einer Gruppe Rollenspiele mit					
Es baut und konstruiert Spiellandschaften					
Es kommt mit Spielideen in die Gruppe (evtl. nach Anregungen aus den vergangenen Tagen)					
Das Spiel wird über längere Zeit am Tag durchgehalten					
Das Kind hat das Bedürfnis seine Vorstellungen von Erlebnissen genau nachzuspielen					

Im Bereich „Spielverhalten" empfinde ich das Kind für sein Alter (bitte ankreuzen)

eher jünger — altersgemäß — eher älter

AKÜKS Arbeitskreis Übergang vom Kindergarten in die Schule
Wagenburgstr. 6, 70184 Stuttgart, Evaluation Berlin 2005–2006

SPRACHVERHALTEN

Verschlüsselte Namensangabe (1) (2) (3) (4)

	Trifft zu	Trifft eher zu	Trifft eher nicht zu	Trifft nicht zu	Weitere relevante Beobachtungen bzw. Bemerkungen
Das Kind hat eine deutliche Artikulation					
Der Wortschatz ist altersgemäß					
Grammatik und Satzstellung wendet es altersgemäß an					
Das Kind versteht den Sinn von Gesprochenem					
Das Kind nimmt akustisch gut wahr					
Das Kind erzählt gerne von sich aus					
Das Kind erzählt gerne Geschichten nach					
Das Kind kann seine Gefühle sprachlich ausdrücken					

Im Bereich „Spielverhalten" empfinde ich das Kind für sein Alter (bitte ankreuzen)

eher jünger — altersgemäß — eher älter

AKÜKS Arbeitskreis Übergang vom Kindergarten in die Schule
Wagenburgstr. 6, 70184 Stuttgart, Evaluation Berlin 2005–2006

NACHAHMUNG

Verschlüsselte Namensangabe (1) (2) (3) (4)

	Trifft zu	Trifft eher zu	Trifft eher nicht zu	Trifft nicht zu	Weitere relevante Beobachtungen bzw. Bemerkungen
Das Kind greift bestimmte Redewendungen und neue Worte auf					
Das Kind singt					
Beim Reigen ahmt das Kind Gesten und Gebärden nach					
Die dargebotenen Puppenspiele, Feste feiern, erlebten Arbeitstätigkeiten werden im freien Spiel aufgegriffen					
Das Kind kann die vorgelebten Abläufe (Tischdecken, Aufräumen) nachahmen					

Im Bereich „Spielverhalten" empfinde ich das Kind für sein Alter (bitte ankreuzen)

eher jünger — altersgemäß — eher älter

AKÜKS Arbeitskreis Übergang vom Kindergarten in die Schule
Wagenburgstr. 6, 70184 Stuttgart, Evaluation Berlin 2005–2006

AUSDAUER, AUFMERKSAMKEIT, GEDÄCHTNIS

Verschlüsselte Namensangabe
(1) (2) (3) (4)

	Trifft zu	Trifft eher zu	Trifft eher nicht zu	Trifft nicht zu	Weitere relevante Beobachtungen bzw. Bemerkungen
Das Kind kann zuhören					
Das Kind kann bei einer Sache bleiben					
Das Kind kann Aufgaben übernehmen und „Aufträge" erfüllen					
Das Kind verfolgt mit Interesse zusammenhängende Arbeitsabläufe					
Das Kind malt erkennbar gegenständlich					
Das Kind erinnert sich an die rhythmisch wiederkehrenden Ereignisse					
Das Kind kann sich willentlich erinnern					
Das Kind kann Erlebtes zeitlich einordnen					

Im Bereich „Spielverhalten" empfinde ich das Kind für sein Alter (bitte ankreuzen)

eher jünger — altersgemäß — eher älter

AKÜKS Arbeitskreis Übergang vom Kindergarten in die Schule
Wagenburgstr. 6, 70184 Stuttgart, Evaluation Berlin 2005–2006

MOTORIK

Verschlüsselte Namensangabe
(1) (2) (3) (4)

	Trifft zu	Trifft eher zu	Trifft eher nicht zu	Trifft nicht zu	Weitere relevante Beobachtungen bzw. Bemerkungen
Das Kind sitzt sicher auf seinem Platz					
Das Kind bewegt sich frei und sicher im Raum					
Das Kind geht Treppen frei auf- und abwärts					
Das Kind kann auf einem Bein hüpfen					
Das Kind kann rückwärts gehen					
Das Kind balanciert frei					
Das Kind übt sich im Seilhüpfen					
Das Kind klettert (auf Bäume, Mauern etc.)					
Heben, Tragen und Verschieben von Gegenständen meistert das Kind geschickt					
Das Kind geht sicher mit Messer und Schere um					
Geschirr verteilen und beim Abwasch helfen werden sicher ausgeübt					
Das Kind kann Tee in Tassen eingießen					
Das Kind schlüpft selbstständig in seine Schuhe					
Das Kind bindet seine Schule selbst					
Das Kind schließt selbstständig die Knöpfe oder den Reißverschluss der Jacke					
Das Kind geht sicher mit Stiften und Pinseln um					
Das Kind kann auf- und einfädeln					

Im Bereich „Spielverhalten" empfinde ich das Kind für sein Alter (bitte ankreuzen)

eher jünger — altersgemäß — eher älter

AKÜKS Arbeitskreis Übergang vom Kindergarten in die Schule
Wagenburgstr. 6, 70184 Stuttgart, Evaluation Berlin 2005–2006

ZUM ALLGEMEINEN WOHLBEFINDEN/ GESUNDHEIT DES KINDES

Verschlüsselte Namensangabe

(1) (2) (3) (4)

	Trifft zu	Trifft eher zu	Trifft eher nicht zu	Trifft nicht zu	Veränderungen im Vergleich zum Vorjahr/ der letzten Beobachtung: Ja	Nein
Das Kind kommt gerne in den Kindergarten						
Es löst sich leicht von seinen Eltern						
Morgens wirkt das Kind ausgeruht						
Das Kind nimmt freudig an gemeinsamen Aktivitäten teil						
Das Kind langweilt sich						
Es ist fröhlich						
Es ist müde und schlapp						
Es ist angestrengt						
Es ist missmutig						
Es ist voller Tatendrang						
Es ist unausgeglichen						
Es ist voller Interesse						
Es ist blass						
Es ist nervös und zappelig						
Es ist ängstlich						
Es ist appetitlos						
Es ist zufrieden						
Es ist aggresiv						
Es fühlt sich wohl in seiner Haut						

Zum Wohlbefinden:
Das Kind

fühlt sich wohl — fühlt sich nicht wohl

Zur Gesundheit:
Das Kind

ist allg. ausgeglichen/ gesund — etwas stimmt nicht

Pädagogische Forschungsstelle
beim Bund der Freien Waldorfschulen

Dialog – Leitfaden

Beobachtungs-, Entwicklungs- und Bildungsdokumentation für Kinder von 3 bis 7 Jahren. Eltern, Erzieherinnen, Lehrerinnen im Dialog.

Von Margarete Kaiser. 2008. 23 S.

Das Dialog-Beobachtungs-, Entwicklungs- und Bildungsdokumentationsverfahren bietet ein Arbeitsmaterial, um die vielfältigen Wahrnehmungen vom Kind zu bündeln und zu strukturieren. Der Austausch von Eltern und PädagogInnen hat eine zentrale Bedeutung in diesem Verfahren.

Dialog besteht aus zwei Einzelheften, die sich zu dem gesamten Arbeitsmaterial für die Durchführung zusammenfügen (siehe „Dialog – Dokumentationsheft").

Der Leitfaden stimmt auf den jeweiligen Entwicklungsbereich ein und versucht lebendige Bilder, genaue Beobachtungen und Erinnerungen zum jeweiligen Kind anzuregen

ISBN: 978-3-940606-32-7

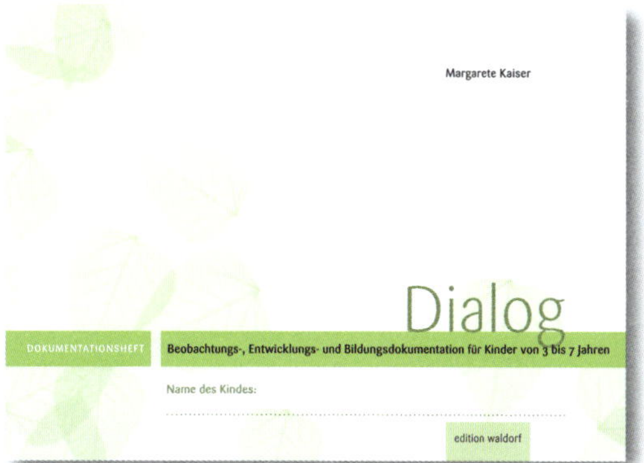

Dialog – Dokumentationsheft

Beobachtungs-, Entwicklungs- und Bildungsdokumentation für Kinder von 3 bis 7 Jahren. Eltern, Erzieherinnen, Lehrerinnen im Dialog.

Von Margarete Kaiser. 2008. 31 S.

Das Dialog-Beobachtungs-, Entwicklungs- und Bildungsdokumentationsverfahren bietet ein Arbeitsmaterial, um die vielfältigen Wahrnehmungen vom Kind zu bündeln und zu strukturieren. Der Austausch von Eltern und PädagogInnen hat eine zentrale Bedeutung in diesem Verfahren.

Dialog besteht aus zwei Einzelheften, die sich zu dem gesamten Arbeitsmaterial für die Durchführung zusammenfügen (siehe „Dialog - Leitfaden").

Das Dokumentationsheft dient dazu, die umfassenden Beobachtungen und Wahrnehmungen zu bündeln und einzutragen. Es gibt Raum, Fragen zu formulieren und Entwicklungsschritte zu beschreiben. Es bereitet auf das Gespräch vor und begleitet den Dialog.

ISBN: 978-3-940606-33-4

Bestellen Sie im Internet: www.waldorfbuch.de oder bei:
Druck- und Medienzentrum Gerlingen GmbH
Benzstraße 8 · 70839 Gerlingen · Fax 0 71 56-20 08 26

Pädagogische Forschungsstelle
beim Bund der Freien Waldorfschulen

Deutsch – ein Abenteuer

Von Meike Bischoff. 1. Auflage 2008. 560 S., gebunden, mit zahlreichen farbigen Abbildungen und Karten.

Deutsch – ein Abenteuer. Wer in Mitteleuropa aufwächst, dort lebt oder sich mit diesem Gebiet beschäftigt, begegnet diesem Begriff. Wofür steht er? Im wohlverstandenen Sinne ist in diesem Buch zusammengetragen, was die Menschen in Deutschland an Verschiedenheiten und Gemeinsamkeiten hervorbringen. Lesen als Vergnügen, Entdecken, Lesen zum Lachen und Weinen, Staunen, Betroffensein und Fragen. Eine Welt auf Blättern zum Blättern für junge Leser und für Erfahrene, für Menschen, die Deutsch ihre Muttersprache nennen oder ihr als Fremdsprache begegnen. – In erster Linie ist das Buch aber gedacht als Begleitbuch für Heranwachsende, die innerhalb oder außerhalb eines Unterrichtszusammenhangs selbstständig oder unter Anleitung mit der Sprache und Kultur in Deutschland eine Begegnung zulassen. Der gegenwärtigen politischen Struktur folgend, treten die Besonderheiten der Bundesländer mit ihren Dialekten und Gebräuchen hervor. Man erfährt etwas über ihre Dichter, Entdecker und Erfinder, wobei nicht nur das historisch Gesicherte, sondern auch die Gegenwart ausreichend zu Wort kommt. – Um das Buch für die Zielgruppe attraktiv und anregend zu machen, wurde es mit einer hochwertigen Ausstattung versehen, reich bebildert und mit Kartenmaterial versehen. Damit genügt das Werk sicher höheren Ansprüchen, doch muss ausdrück-lich betont werden, dass das Alltägliche nicht zu kurz kommt. Die Dinge sprechen für sich und werden nicht etwa auf dem Umweg von Verfremdungen wie zum Beispiel Comics erschlossen. Eine Anthologie, ein Begleit-buch über Jahre, das immer bereit ist, Zeit in Anspruch zu nehmen, und neue Horizonte sichtbar werden lässt.

ISBN: 978-3-940606-32-7

Bestellen Sie im Internet: www.waldorfbuch.de oder bei:
Druck- und Medienzentrum Gerlingen GmbH
Benzstraße 8 · 70839 Gerlingen · Fax 0 71 56-20 08 26